WALTHER H. LECHLER
ALFRED MEIER

WACH AUF UND LEBE!

DIE THERAPEUTISCHE KRAFT BIBLISCHER GESCHICHTEN

KÖSEL

Dieses Buch ist allen Opfern
von religiösem Fundamentalismus
und politischem Fanatismus
durch die Jahrhunderte gewidmet.

ISBN 3-466-36677-1

Druck und Bindung: Kösel, Krugzell
Umschlag: Elisabeth Petersen, München
Umschlagmotiv: photonica / MECKY

*Gedruckt auf umweltfreundlich hergestelltem Werkdruckpapier
(säurefrei und chlorfrei gebleicht)*

INHALT

EIN PERSÖNLICHER BLICK ZURÜCK – ODER WARUM DIESES BUCH GESCHRIEBEN WURDE

Alfred Meier

Beten gelernt!

Es war 1986 in der Vollversammlung der Klinik Bad Herrenalb. Patienten und Patientinnen – sie werden hier Gäste und Gästinnen genannt –, die in ein paar Tagen die Klinik verlassen durften, erzählten, wie sie hier angekommen sind, was mit ihnen hier geschehen ist und was sie an Neuem mit nach Hause nehmen. Da stand einer auf, ein jüngerer Mann, und sagte: »Ich kam hierher, weil ich so gesoffen hatte, dass mein Leben fast ruiniert gewesen wäre. Ich wollte lernen, wie ich definitiv mit dem Saufen aufhören und trocken werden kann. Wenn mir damals, vor meinem Klinikeintritt, jemand gesagt hätte, ich würde hier beginnen zu beten, hätte ich dies weit von mir gewiesen. Mit Gott, so meinte ich, hatte ich abgeschlossen. Und wenn ich jetzt gehe, nehme ich als Wichtigstes mit, dass ich hier beten gelernt habe.«

Wo war ich da? Doch in einer psycho-somatischen Klinik! Also an einem Ort, wo Ärzte und Ärztinnen, psychiatrische Fachärzte und -ärztinnen und Psychotherapeuten und -therapeutinnen Menschen in Krisen behandeln. Schon beim Betreten dieser Klinik in der Kullenmühle, einem Ortsteil von Bad Herrenalb, war ein Spruch am Eingang nicht zu übersehen: »Hier bekommst du nicht, was du willst, sondern was du brauchst.« Gemäß diesem Motto hat der junge Mann nach seinen eigenen Worten also gebraucht, beten zu lernen. Jetzt bin ich ja von Beruf Pfarrer und das Wort *beten* schreckt mich überhaupt nicht ab. Aber ich steckte damals in einer tiefen Krise, wohl in einer Midlife-Crisis, war völlig erschöpft, fast arbeitsunfähig, voller Ängste und depressiv. Was wird mit mir hier passieren? Mir jedenfalls hat alles Beten nicht geholfen, nicht derart krank zu werden! Doch ich wusste etwas von der spirituellen Kraft biblischer Bilder. Eines, nämlich das vom im Wasser versinkenden Petrus auf dem See Genezareth, der dann von Jesus ins Schiff gerettet wird, half mir immer wieder, mit meinen manchmal übergroßen Ängsten zurechtzukommen.

Der junge Mann hat bei mir einen starken Eindruck hinterlassen und auch andere, die von spirituellen Erfahrungen auf ihrem Genesungsweg erzählten. Das Besondere und Überraschende daran war, dass hinter diesen Berichten keine missionarischen Absichten standen, sondern dass Menschen einfach darüber sprachen, was sie gefunden haben und was sie erlebt haben und was ihnen gut getan hat. Und das wirkte ansteckend.

Was noch fehlt ...

Etwas später hatte ich ein zweites, mich sehr berührendes Erlebnis. In dieser Klinik gab es Veranstaltungen mit allen Gästen, den Ärzten/Ärztinnen und Therapeuten/Therapeutinnen. Man versammelte sich wie eine Großfamilie. Hier erhielten Gäste und Gästinnen, die im ganzen Geschehen der Klinik unterzugehen drohten oder die sich zurückzogen, weil es ihnen zu viel wurde, die Gelegenheit, von sich zu erzählen. Das war für die Betroffenen gleichzeitig eine riesige Herausforderung. Mir selbst ging es noch überhaupt nicht gut. Ich war oft sehr verängstigt und wie benommen. Da erzählte ein Alkoholiker mittleren Alters, der ja jetzt »trocken« war, wie er Angst habe, zittere und Schweißausbrüche bekomme, wenn er an der ortsansässigen Brauerei vorbeigehen müsse und dann wieder den Geruch von Bier wahrnehme. Wie er unter Druck gerate. Ich war plötzlich hellwach: Der erlebt ja dasselbe wie ich! Der erzählt ja von mir! Nur habe ich keine Probleme mit Alkohol, sondern mit Erschöpfung, mit unerklärlichen Ängsten. Ich fühlte mich ihm ganz nah. Ihm fehlte nämlich noch etwas. Er trank zwar nicht mehr, er war trocken, aber noch nicht genesen. Und mir fehlte etwas von derselben Art. Da war noch ein Loch, ein Hunger, eine Sehnsucht. Meine depressiven, angstvollen Zustände haben offenbar etwas gemeinsam mit der Trunkenheit des Alkoholikers. Ich bin auch besoffen, wenn ich benommen bin und in meinen depressiven Zuständen festsitze. Das wurde mir in diesem Moment schlagartig klar.

... ist in mir

Ein drittes Erlebnis. Wir trafen uns abends mehrere Male pro Woche in den Selbsthilfegruppen, die nach dem Modell der AA, der Anonymen Alkoholiker, abliefen. Ich gehörte in die EA (Emotions Anonymous) für seelische Gesundheit. Die Gruppen funktionierten entsprechend einer vorgegebenen Struktur. Es gab meist zuerst eine Befindlichkeitsrunde und dann wurde ein Thema gewählt, ein Problem aufgegriffen oder einer der Schritte des 12-Stufen-Programms vorgenommen, zu dem man dann seine eigenen Erfahrungen erzählte. Eines Abends war eine junge Frau da, eine neue Praktikantin. Sie fiel mir erst näher auf, als sie anfing, von sich zu erzählen. Sie war sehr groß. Sie erzählte, wie sie sich nicht mehr klein machen lassen wolle, dass sie gelernt habe, zu sich zu stehen. Sie erzählte sehr selbstbewusst. Sie wirkte sehr stark. Sofort war meine Aufmerksamkeit geweckt. Ich fühlte mich ihr sehr verbunden. Auch sie redete irgendwie von mir. Aber nicht vom depressiven, vom verängstigten, vom zitternden Menschen, sondern von etwas Neuem, wonach ich mich so sehr sehnte. Das hatte ich doch auch in mir, früher, bevor ich krank wurde. Was sie erzählte, weckte dies in mir gleichsam wieder auf, rüttelte es wach, ließ es mich spüren – durch all das andere hindurch. Dort möchte, dort *will* ich auch wieder hin. Das Gefühl war ganz stark in mir. Es ist nicht verloren.

Bedürftig sein dürfen

In dieser Klinik war alles erlaubt. Ich durfte so sein, wie ich war: müde, abgestumpft, schlapp, verängstigt, depressiv, sehnsüchtig, hungernd nach Liebe, nach Nähe. Ich durfte all das leben, und machte damit meine Erfahrungen. Es gab nur drei klare Grenzen, und zwar zum eigenen Schutz. Gewaltanwendung irgendwelcher Art war ausgeschlossen, Suchtmittel, inklusive nicht notwendiger psychoaktiver und die Psyche verändernder Substanzen und Medikamente, und sexuelle Beziehungen. Dieser Schutz erlaubte es, im Bereich der Bedürfnisse, der Beziehungen und Kontakte ganz neue Erfahrungen zu machen und viel Neues zu wagen. In den therapeutischen Gruppen und Selbsthilfegruppen konnte man von all dem reden und sich darüber austauschen, was man entdeckt hatte, was einen freute oder wo man nicht klar kam. Es entstanden da ja Bedürfnisse zum Beispiel nach Nähe, die einen völlig überraschten oder erschreckten. Ich erlebte beispielsweise Dinge so intensiv, wie ich es vorher kaum je wahrgenommen hatte.

Eines Tages mussten wir zu einem therapeutischen Marathon auf eine Hütte, Wegzeit zu Fuß vielleicht sechs Stunden. Mit dieser Kraftlosigkeit in mir soll ich sechs Stunden gehen? Das schaffe ich nie, dachte ich. Meine Ängste nahmen wieder einmal zu. Was mache ich? Ich könnte ja einfach so tun, als wäre ich schlapp und dann im Schutz der Klinik bleiben. Aber ich hatte damals schon etwas gelernt. Mir fiel ein, ich darf mir Hilfe holen, auch ganz unübliche. Eben, hier darf man etwas tun, was sonst nicht geht. Ich fasste mir also ein Herz und ging zum begleitenden Arzt und fragte ihn, bat ihn, ob ich seine Hand nehmen und neben ihm her Hand in Hand den mich ängstigenden, langen Weg zurücklegen dürfte. Und so gingen wir, Hand in Hand, beinahe den ganzen Weg nebeneinander her. Er hat meine Hand gehalten und sonst sich nicht besonders um mich gekümmert. Und ich ging Schritt für Schritt einfach vorwärts, bis zur Hütte. Ich weiß noch, wie todmüde ich dort ankam.

Ich bin während der Therapie in außerordentlich schlimme Zustände, in so genannte Totstellreflexe geraten, aber in mir war durch solche Erlebnisse ein tiefes Vertrauen entstanden: Ich kann es schaffen. Zwar nicht allein. Aber ich bin es. Oder wie es bei den Anonymen Alkoholikern heißt: »Du kannst es nicht alleine schaffen. Aber nur du alleine kannst es schaffen.«

Wach geworden

»Sehen musst du schon selbst.« Diesen Ausspruch bekam ich einmal zu hören, als ich so benommen und deprimiert war, dass ich den strahlend blauen Sommerhimmel nicht wahrnahm. »Sehen musst du schon selbst!« Für mich hörte sich das im ersten Moment wie eine Zurückweisung an.

Es hatte aber auch etwas Provozierendes. Im wörtlichen Sinn heißt das ja, dass etwas herausgerufen oder hervorgerufen werden will. Ich weiß noch, wie ich dieses Sehen etwas später ganz neu in mir erlebte. Ich sah zum Beispiel plötzlich – aufgehängt an den feinen Zweigen einer ansehnlichen, dürren Kerbelstaude – ein Spinnennetz, benetzt mit feinsten Tautröpfchen. Und in diesem Tau spiegelte sich das Licht in den Farben des Regenbogens. Das war eine weitere Erfahrung, wie meine Benommenheit oder mein Besoffensein von Ängsten und Müdigkeit auf einen Schlag weg waren. Ich versuchte dieses Seherlebnis mit der Fotokamera so gut es ging festzuhalten. Das entstandene Bild hängt noch heute im Großformat in unserer Wohnung. Ich werde diesen Moment nie vergessen. Und ich habe dann einen Herbst erlebt wie noch nie. Die Farben sind für mich einfach explodiert in ihrer Intensität. Auch meine Geschmackssinne erwachten. Ich fing an, ganz feine Unterschiede beim Kosten des Essens wahrzunehmen. Heute genieße ich es zum Beispiel beim Kleinschneiden verschiedenster Kräuter, die unterschiedlichen Düfte richtig in mich aufzunehmen. Dieses Erwachen der Geschmacks- und Geruchssinne hatte schließlich zur Folge, dass ich heute leidenschaftlich koche. Es entwickelte sich daraus ein ganz neues Hobby, das mir beständig sehr viel gibt.

Verführung zum Leben

Wieso erzähle ich das? Einerseits, weil mich das alles so berührt und bewegt hat, dass ich es noch immer weiß und es fast wieder durchlebe, wieder fühle, wenn ich so erinnernd erzähle. Es ist in mir. Andererseits weil solches Erleben der Hintergrund war, wie ich ganz neu auf biblische Geschichten hören konnte. Ich vernahm ihren Klang, ihre Farben, ihre Bewegungen, ihr Leben viel sinnlicher als ich es bisher gewohnt war. Dieses neue Hören geschah aber nicht einfach so ohne weiteres. Der Chefarzt der Klinik, Dr. Walther H. Lechler, hielt regelmäßig so genannte Bibelstunden, meist an Sonntagnachmittagen. Von weit her kamen Leute, vielfach Ehemalige der Klinik, um an diesen unkonventionellen Vorträgen und Plaudereien und an diesen Möglichkeiten zum persönlichen Austausch teilzunehmen. Walther Lechler erzählte Gleichnisse und Geschichten und zog den roten Faden bis in unser gewöhnliches Leben. Oder anders gesagt, er entdeckte in diesen Geschichten, was sie uns über *unseren* Umgang mit dem Leben sagen. Und wie es eigentlich vom Schöpfer oder der Schöpferin gemeint ist, was wir so alles davon verloren haben und dass wir es wieder finden können, weil schon alles in uns angelegt ist. Und mit diesen Bibelstunden ging es mir genauso wie mit vielen anderen Geschichten, die ich von Menschen zu hören bekam. Ich war plötzlich hellwach. Ich merkte, da geht es um mich: Manchmal um meine Dummheit, wie ich es mit dem Leben anstellte. Dann um meinen Hunger nach Leben, meine Sehnsüchte und Bedürfnisse. Um die Verheißungen und Versprechen des Lebens. Um die Fülle. In der ihm eigenen Art redete Walther Lechler da auch vom Orgasmus, den er als das Erleben von strotzender Fülle begriff, eine Fülle, die zwar die Sexualität als Erfahrungsmöglichkeit einschloss, sie aber nur als Pünktchen auf dem kleinen i verstand.

Ganz besonders wichtig bei diesen Veranstaltungen war: Es darf alles sein. Wir können unseren Weg finden mit unserer Sehnsucht auf ein erfülltes Leben. Nur, es kann dauern. Wie eine Geburt braucht auch diese Neu- oder Wiedergeburt, diese »Reinkarnation«, ihre Zeit. Aber versprochen ist: »Bittet, so wird euch gegeben. Suchet, so werdet ihr finden. Klopfet an, so wird euch aufgetan« (Matthäus-Evangelium 7,7). Und es gilt auch etwas dafür zu tun, nämlich das, was wir schon gefunden haben an Neuem, jeden Tag ins Leben zu inkarnieren. So oft wie nur möglich.

Die gefundene Spur sichern

Die Spur, die Fährte, die damals in meiner zehnwöchigen Klinikzeit gelegt wurde und die ich für mich gefunden habe, habe ich nie mehr verlassen. Es hat sich im Laufe der Jahre vieles geändert. Die Luft im Leben ist manchmal rau, die Atmosphäre eher selten so warm, auch nicht so offen und ehrlich, wie ich es dort in Bad Herrenalb oft und intensiv erlebt habe. Gerade auch gegenüber eigenem Fehlverhalten. Ich habe seit damals immer wieder den Wunsch gehabt, dass die Art, wie Walther Lechler biblische Motive und Stoffe aufzunehmen und die darin steckende Lebendigkeit und Kraft weiterzuvermitteln verstand, auch schriftlich festgehalten wird. Einen ersten Versuch, so einen Text zu schreiben, habe ich vor einigen Jahren (1996) im Buch »So kann's mit mir nicht weitergehn!« mit der Geschichte der Heilung des Besessenen von Gerasa gemacht. Im Jahr 2002 hat dann Mathias Jung das Büchlein »wie der himmel sich öffnet« mit zwei Bibelinterpretationen, nämlich die über »Die blutflüssige Frau« und »Die Tochter des Jairus«, herausgegeben. Also bisher alles Heilungsgeschichten. In diesem Buch folgt eine weitere solche Heilungsgeschichte, aber auch Ausführungen über anders geartete biblische Erzählungen und Texte. Ein sehr unbekannter Text handelt beispielsweise von einer ersehnten Geburt und was diese Sehnsucht alles auslöste. Und dann gibt es zwei Gleichnisse, eine Wundergeschichte und eine merkwürdig-dunkle Anweisung von »diesem« Jesus.

Walther Lechler und ich haben im Laufe vieler Wochen unzählige und ausführliche Gespräche miteinander geführt. Sie haben viele Erinnerungen zu Tage gebracht und viel freundschaftliche Verbundenheit bewirkt. Das allein ist mir schon sehr wertvoll. Zwar brauchte es eine gewisse Hartnäckigkeit meinerseits, das vorgenommene Ziel gegenüber meinem Gesprächspartner unbeirrt zu verfolgen und mit ihm viele seiner Gedankengänge nochmals nachzuvollziehen, öfter einmal nachzuhaken, um sie möglichst präzise zu erfassen. Aus diesen Gesprächen sind neben vielen Ergänzungen bei den Ausführungen zu den Bibeltexten auch die beiden einleitenden Kapitel hervorgegangen, die Walther Lechlers Suche nach einer ihn überzeugenden Spiritualität darstellen, einer

Suche, die zu der ausschlaggebenden Begegnung mit den Menschen in den Gruppen der Anonymen Alkoholiker führte. Und daraus entstanden dann in den anschließenden Jahren vor allem in der Zeit während seiner Chefarzttätigkeit in der sozio-psychosomatischen Klinik all die Einsichten, Weltsichten und Lebenssichten, die zu seinem ganz eigenständigen, vielleicht auch eigenwilligen Umgang mit biblischen Texten führten, in denen so viel ansteckende Kraft und so viel Verführung zum Leben entdeckt werden kann.

Dank

Ich danke meiner Kirche, der evangelisch-reformierten Landeskirche des Kantons Glarus, und meiner Kirchgemeinde Ennenda, die mir im Rahmen meines Studienurlaubes erlaubte, mir die nötige Zeit für das Erarbeiten und Verfassen dieser Texte zu nehmen.

Ich danke dem Kösel-Verlag, insbesondere Herrn Winfried Nonhoff, der sofort Interesse an diesen Texten hatte und dann viel innere Anteilnahme für das Fertigstellen des Buches zeigte sowie der Lektorin Michaela Breit für die aufmerksame Begleitung bei der Drucklegung.

Aber zuvorderst danke ich Walther Lechler für die intensive gemeinsame Zeit ausführlicher Gespräche, vielfach in Form von Arbeitsessen in einem der umliegenden Restaurants im Glarnerland, für das Zur-Verfügung-Stellen der Tonbandaufnahmen seiner Bibelstunden und für das in mich gesetzte Vertrauen, seine Gedanken und Schilderungen zu bearbeiten und in veränderter, schriftlicher Form herauszugeben.

Ennenda/Glarus (Schweiz), über die Pfingsttage 2004
Alfred Meier

Kapitel 1

»NÜCHTERNE TRUNKENHEIT«

Sobria ebrietas

Sehnsucht nach strotzender Fülle

Die Pfingstgeschichte in der Bibel erzählt, dass Menschen so voll von heiligem (Lebens-)Geist gewesen seien, so begeistert und beflügelt und sich so verstanden und einander nahe fühlten, dass umstehende Beobachtende nur ein Urteil fällen konnten: Sie sind voll süßen Weins. Sie sind berauscht. Sie sind trunken.

Man hat jenes Ereignis später aufgrund dieses wertenden Urteils von Außenstehenden lateinisch als *sobria ebrietas* bezeichnet. Zu übersetzen ist das als *nüchterne Trunkenheit.* Nur mit dieser paradox anmutenden Begrifflichkeit konnte einigermaßen gefasst werden, wie voll von Lebendigkeit unser Leben sein darf, von welch strotzender Fülle. Bei Trunkenheit, Rausch oder dann gar Besoffenheit denken wir meistens an Sucht, an Alkohol oder andere Drogen. Vielleicht auch an romantische Liebesgefühle und Liebesbegegnungen, die einen überschwemmen können und in denen man sich taumelnd wie ein Besoffener erlebt. Nüchternheit bezeichnet hingegen den Zustand, in dem man die Realität, die Wirklichkeit so annehmen kann, wie sie ist, und sie nicht anders haben will. Wir sind ganz bei uns und bei Sinnen und haben die »Kontrolle« über unser Handeln.

Der Ausdruck der *nüchternen Trunkenheit* oder *nüchternen Besoffenheit* weist darauf hin, dass dem Leben ein Entweder-Oder nicht angemessen ist und nicht gut bekommt. Entweder in einem Rauschzustand, in Ekstase, also irgendwie außer sich zu sein oder dann völlig kontrolliert zu sein, alles im Griff zu haben, führt dazu, dass uns unser Leben auseinander fällt.

Auf der einen Seite haben wir unsere tiefen Wünsche, unsere Bedürfnisse und unsere Sehnsüchte. Da ist unser ganzer Hunger nach Leben, der sich oft anfühlt wie ein Loch, das gestopft werden will.

Und auf der anderen Seite haben wir einer inneren Anordnung zu folgen, die sich manchmal wie ein innerer Zwang anfühlen kann, möglichst einen kühlen Kopf zu bewahren und nichts in uns zuzulassen oder an uns heranzulassen, was außer Rand und Band zu geraten droht. In unserem Inneren wacht immerzu ein Kritiker über uns, damit ja nichts geschieht, dass es zu einer heilsamen Lösung kommt mit unseren Sehnsüchten und wir unsere wahren, wesentlichen Bedürfnisse befriedigen können. Er tut alles, damit der Mangel bestehen bleibt. Die Folge davon ist, dass wir uns so oft als hin- und hergerissen, ja als zerrissen erleben.

Voll gestopft und unerfüllt

Um diesen hartnäckigen Kritiker in uns zum Schweigen zu bringen, ja vermeintlich sich seiner zu entledigen, und um dieses scheußliche Gefühl der inneren Zerrissenheit nicht ständig spüren zu müssen, tauchen wir ab, zum Beispiel in Alkohol, legale und illegale Drogen, Sex, Fressen, Bulimie (Ess-Brech-Sucht), Liebesromanzen, häufig wechselnde Partnerschaften, Glücksspiel, Anorexie (Magersucht), Anhäufung materieller Güter, Arbeitssucht, Verschwendungssucht oder wir geraten in ein Streben nach Macht, Einfluss, Bedeutung und Ansehen in der irrigen Hoffnung, das brächte die ersehnte Lösung und Erfüllung. Wir bringen damit aber nur eines zustande: unser Leben zu zerstören. Den inneren Kritiker, der wie ein Stachel im Fleisch festsitzt, werden wir so nicht los. Der Theologe Henri J.M. Nouwen hat diesen Zustand als »voll gestopft und unerfüllt« gekennzeichnet.

Nüchterne Trunkenheit als Wegweiser

Das Erleben dieser Geisterfülltheit an Pfingsten, diese *sobria ebrietas*, diese *nüchterne Trunkenheit*, weist da einen anderen Weg. Dieser Hunger nach gesteigertem, ekstatischem, begeistertem Leben, nach »Orgasmus« in diesem weit verstandenen Sinn von strotzender Fülle, ist in Ordnung. Dieses »Ich will mehr vom Leben haben!« ist ein wichtiges, legitimes Bedürfnis und soll, darf seine Antwort bekommen. Es ist unsere Aufgabe, diesen Hunger, dieses Loch wahrzunehmen und anzunehmen. Es ist ein wesentlicher Teil von uns. Es kann uns zum wichtigen Wegweiser werden. Wir dürfen außer uns geraten und außer uns sein, ohne uns zu verlieren.

Ekstatisch leben heißt, der Spur der Freude folgen und sie verstärken« mithilfe »deiner Kraft, deiner Neugier, deinem Können, deiner Begeisterung. Ekstatisch leben ist mehr als bloßes Genießen und Konsumieren. Ekstatisch leben heißt: ganz bei dem sein, was ich tue und meinen Einsatz auch dann noch verstärken, wenn ich fast nicht mehr kann. ... Und ich glaube, dazu hat der Schöpfer uns alle Begabungen und Kräfte gegeben, damit wir sie benutzen und sie durch Benutzung stärken.«

Hildegunde Wöller (2001, S. 23 f.)

»Ich bin. Ich brauche. Ich bin berechtigt«, hat die Amerikanerin Jackie Lair die gewonnene Einsicht oder Weisheit zusammengefasst, als sie all das, wonach sie krampfhaft suchte, um ihr inneres Loch zu stopfen, aufgeben konnte, und »von einem Haufen verrückter Deutscher ins Leben hinein geliebt wurde«. Nicht Therapie ist das, was Jackie Lair bei ihrem Aufenthalt in der soziopsychosomatischen Klinik Bad Herrenalb als ihre Erfahrung beschreibt, sondern eine tiefe, substanzielle Wandlung. Ihr Leben ist neu geworden. Dank erlebter Liebe.

Wir genesen von all dem, was wir meinen zu brauchen, um unseren Hunger zu stillen, um dieses innere Loch zu stopfen, wenn wir konkret erleben, dass wir gesehen, gehört, beachtet und geachtet werden, also: wenn wir wahrgenommen werden als der Mensch, der wir sind.

Nüchternheit ist weit mehr als die Kontrolle zu behalten. *Nüchtern* leben wir dann, wenn wir aufhören können, die Erfüllung im Außen zu suchen, in irgendwelchen materiellen Dingen und in irgendwelchen Romanzen und Gefühlsregungen, sondern wenn wir in uns drin die Kräfte entdecken und den Geist finden, die uns so mit dem Leben auf dieser Welt verbinden, dass wir auf ihr zu Hause sind und uns geborgen fühlen. Dass wir angekommen, heimgekommen sind und nicht mehr in der Fremde leben müssen.

Dorothee Sölle schrieb unter dem Motto »Vergesst das Beste nicht!« in einem Brief an ihre Kinder, dass die wirkliche Freude, die Lebensfreude, das Glück am Leben zu sein nicht die Freude sei, weil es Erdbeeren oder schulfrei oder einen wunderbaren Besucher gebe. »Die wirkliche Freude ist ohne Warum, ›sunder warumbe‹, wie mein bester Freund aus dem Mittelalter, der Meister Eckhart, sagt.«

Nüchternheit und Spiritualität

Nüchternheit ist ein spirituelles Geschehen. Das hat auf äußerst eindrückliche Weise der Schweizer Psychiater C.G. Jung kurz vor seinem Tod in einem Brief beschrieben. Er hatte in den 30er-Jahren Rowland H., einen Alkoholiker, zur Behandlung gehabt, der nachher wieder zu Hause in den USA nach einer spirituellen Erfahrung eine Kettenreaktion bei der Gründung der Anonymen Alkoholiker auslöste. William Griffith (Bill) Wilson, der 1935 die Alcoholics Anonymous in den USA mitbegründete, schrieb Anfang 1961 darüber an Jung. In Jungs Antwortbrief heißt es, dass er Rowland H. damals nicht habe offenbaren können, wie sehr er überzeugt gewesen sei, dass Spiritualität wesentlich für seine Genesung sei, denn: »Wie konnte man eine solche Erkenntnis mit Worten ausdrücken, die heutzutage nicht falsch verstanden werden würden?« Jetzt aber, rund 30 Jahre später wagte er es:

> *Rowlands gieriges Verlangen nach Alkohol war auf einer niedrigen Ebene das Äquivalent des geistigen (spirituellen) Durstes unseres Wesens nach Ganzheit, in mittelalterlichem Sprachgebrauch, nach der Einung mit Gott ...*

Hier hat der Brief folgende Fußnote:

> *Wie der Hirsch lechzt nach frischem Wasser, so lechzt meine Seele, Gott, nach dir. Psalm 42,1*
>
> *C.G. Jung (am 30.11.1961)*

Der Brief fährt fort:

> *Sehen Sie, Alkohol ist auf Lateinisch »Spiritus«, und man gebraucht dasselbe Wort für die tiefste religiöse Erfahrung und zugleich für das entsetzlichste Gift. Die hilfreiche Formel lautet daher: spiritus contra spiritum.*

Jeder Mensch kennt Trunkenheit, Besoffensein. Jeder Mensch hat seinen »Alkohol« in seinem Leben. Jeder Mensch kennt süchtiges Verhalten. Das Schönste und Hehrste, ja das Heiligste kann süchtig missbraucht werden. Und dann erleben wir nichts von dieser Spiritualität, die C.G. Jung hier so vorsichtig-zögernd, dann aber in der Fußnote mit dem Bild des 42. Psalmes deutlicher beschreibt.

Es mag uns beim Erleben von Spiritualität wie den kleinen Fischen gehen mit dem Element Wasser, von denen C. Chuck in seinem Buch »Eine neue Brille« so liebevoll erzählt:

Drei kleine Fische schwammen nahe der Küste von Laguna herum. Sie machten alberne Spiele. Sie hatten gerade Frühstück gehabt und waren nicht hungrig, sie spielten einfach nur. Ein großer weiser Fisch kam des Weges und sagte: »Guten Morgen, Mädchen und Jungs! Ist das Wasser nicht herrlich heute Morgen?« Und schon war er vorbeigeschwommen. Sobald er außer Hörweite war, steckten die kleinen Fische ihre Köpfe zusammen und sagten: »Moment mal, Moment mal! Dieser Kerl hat über Wasser gesprochen? Was ist Wasser? Habt ihr jemals etwas von ›Wasser‹ gehört?« Und einer antwortete: »Nein, und ihr?« »Nie davon gehört!« »Ich auch nicht.« Also schwammen die drei durch den ganzen pazifischen Ozean auf der Jagd nach Wasser, in dem sie lebten und sich bewegten und ihr Dasein fristeten.

C. Chuck (2001, S. 91)

Ist diese Fabel nicht faszinierend? Wir sind mittendrin. Was wir brauchen, ist da. Und wir bemerken es nicht! Wir erleben es nicht. Wir sind uns dessen nicht bewusst.

Wenn wir dann irgendetwas finden oder darauf gestoßen werden, das nur annähernd verspricht, unser inneres Loch zu stopfen, stürzen wir uns süchtig darauf. Auch das ist in uns angelegt, dass das Leben uns verführen kann und wir seinen eigentlichen Sinn verfehlen. Darauf bezieht sich übrigens in erster Linie auch das häufig missverstandene Wort »Sünde« in der Bibel. Der Theologe Paul Tillich erklärt dazu, dass »Sünde« bei den Griechen das Maß bezeichnet, wie weit beim Bogenschießen der abgeschossene Pfeil auf der Zielscheibe vom Ziel entfernt ist. »Ich bin ein Sünder« heißt so gesehen: »Ich habe erkannt, dass ich mein Ziel im Leben verfehlt habe.« Was bleibt uns da, wenn wir das erkennen? Wir haben zu üben. Und zu üben. Und zu üben. Bis wir das Ziel besser treffen.

Boden für das Neue

Es gibt ein klares Kriterium dafür, wann wir nicht nüchtern leben, sondern besoffen sind von etwas. Dann leben wir mit einer Art gierigem Drang. So sieht es C.G. Jung in der oben zitierten Briefstelle. Nie reicht etwas aus, unsere Sehnsucht oder unser Bedürfnis als gestillt zu erleben. Wir haben eine Gier, einen Drang, ein Verlangen in uns, das uns anhält und antreibt, immer mehr von demselben zu brauchen. In einer Gesellschaft, die so sehr auf Konsum ausgerichtet ist, auf Verzehr von Gütern, kann es außerordentlich schwierig sein, hier die nötige Klarheit zu bekommen. Je mehr wir arbeiten, je mehr Geld wir verdienen, desto mehr können wir uns leisten, desto mehr Güter können wir konsumieren, desto mehr können wir uns anschaffen. Und diese Einstellung kann schnell einmal übergehen auf Beziehungen, die wir dann auch konsumieren – eine um die andere vielleicht und ununterbrochen. Dann ist nichts von diesem »frischen Wasser« zu erleben, das den inneren Durst löscht, nichts von diesem inneren Lechzen, nichts von *Spiritus* in diesem eigentlichen Sinn. Wir sind auf einer »zu niedrigen Ebene«. Aber diese niedrige Ebene, wenn wir sie denn erkennen können, hat wiederum ihr Gutes. Sie ist gleichzeitig so etwas wie der Boden, von dem wir uns aufrichten können, um nach dem Neuen Ausschau zu halten. Oder in einem anderen Bild ausgedrückt: Der Mist, den wir in unserem Leben mit all unserer Gier nach dem vermeintlich Beglückenden produziert haben, das uns Erfüllung bringen sollte, kann uns als Dung dienen für das Neue. Diese Erfahrungen sind nicht verloren, wenn es uns gelingt, sie los- und hinter uns zu lassen. Sie bleiben unsere Herkunft, die zu vergessen nicht gut für uns ist.

Wir Menschen brauchen Geschichten

Schon zweimal wurde auf Geschichten zurückgegriffen. Die Pfingstgeschichte konnte uns Wegweiser sein, auf die *nüchterne Trunkenheit* zu stoßen und da neue Zusammenhänge zu sehen. Bei C.G. Jung war es ein Psalmwort. In den Bildern der Geschichten ist offenbar etwas von der spirituellen Kraft aufgehoben, die wir brauchen, um unserer Sehnsucht nach Erfüllung, nach ekstatischem Leben, einem wohltuenden und erfüllenden Außer-sich-Sein, auf die Spur zu kommen.

Geschichten zu hören gehört zu den ursprünglichen Bedürfnissen und Wünschen des Menschen. Kinder lieben Geschichten. Und Kinder brauchen Geschichten für ihr geistig-seelisches Wachsen und Reifen. Wahrscheinlich kennen viele diese Momente, wenn sie wie die Kinder, kleinere vor allem, Augen und Ohren aufsperren, wenn eine Geschichte Spannung hat und auch spannend erzählt wird. Sie sind ganz Ohr. Sie hängen an den Lippen des Erzählenden und erleben Situation für Situation mit. Sie sind ganz, mit Leib und Seele, dabei. Es ist, als wäre es *ihre* Geschichte.

Jede Kultur hat ihre Geschichten, ihre Märchen, ihre Legenden, ihre Weisheitsgeschichten und ihre Geschichten über das Göttliche. Hier finden wir das Instrumentarium, das wir brauchen, um unser Leben so zu führen, dass wir Erfüllung finden. Viele dieser Geschichten haben eine einfache Erzählstruktur. Sie erzählen, was gewesen war, was dann alles geschah und was jetzt ist. Sie nehmen die Zuhörenden mit auf einen Weg.

Zu erfahren, wie andere Menschen mit den Wechselfällen des Lebens fertig werden, mit ihren Freuden und Frustrationen, wie sie wichtige Entscheidungen treffen, mit Misserfolg und Niederlage oder mit Herausforderungen und Erfolg umgehen, hilft uns, es mit dem Leben aufzunehmen.

Dazu brauchen wir geeignete Menschen, mit denen wir uns identifizieren können. Dann wird das in uns angelegte Sehnen nach einem äußeren Vorbild, das zu einer inneren Führung des Selbst werden kann, gestillt.

Gershen Kaufmann, aus Shame:
The power of Carin in: Kurtz/Ketcham,
Die Spiritualität der Unvollkommenheit (1998, S. 102)

Geschichten rütteln wach

Schüler verlangten von dem Meister nach Tieferem. »Ihr müsst noch begreifen lernen, meine Lieben, dass die kürzeste Entfernung zwischen einem Menschen und der Wahrheit eine Geschichte ist. Mag es auch üblich sein, der Wahrheit zu widerstehen, so ist es doch unmöglich, sich gegen eine Geschichte zur Wehr zu setzen, denn sie schleicht sich durch unsere Verteidigungslinien in das Herz hinein und kann gerade dann, wenn man es am wenigsten erwartet, wie eine Mine hochgehen und uns wachrütteln, ja uns wandeln.«

Anthony de Mello (Quelle unbekannt)

Geschichten sind gleichsam wie ein hoch gehaltener Spiegel, sodass wir uns selbst darin sehen können. Geschichten spiegeln unser menschliches Sein, unser ureigenstes Wesen. Wenn wir uns die Geschichte eines anderen anhören, kann das in uns einen tiefen Wandel bewirken. Wir können die Erfahrung machen, dass wir vieles, was uns widerfuhr an Mangel und Vieldeutigkeit, an Trauer und Kummer, bisher nicht verstehen konnten. Aber da bekommen wir eine Geschichte aus dem Leben eines Menschen zu hören und nun verstehen wir plötzlich alles ganz anders. In uns ist etwas erwacht, das in uns geschlummert hat. Die Geschichte dieses anderen Menschen wird zu meiner Geschichte, ja *seine* Geschichte löst in mir *meine* Geschichte aus und das Neugewordene, von dem er bereits erzählen kann, wird bei mir zur bestätigten Hoffnung auf das Neue, das ich noch nicht habe. Was er in seiner Geschichte an neuem Erleben weitergibt, hat auf diese Weise eine nachhaltige Wirkung bei allen, die davon hören. Das Neue steckt an. Wir können in der Tat hier von ansteckender Gesundheit sprechen.

Bereitschaft, Ehrlichkeit und Offenheit sind dabei wesentlich und unerlässlich, um unsere eigene Geschichte wieder zu finden, wenn wir von unserem Trunkensein, unserem Besoffensein, was immer das ist, genesen und dem Erleben von *nüchterner Trunkenheit* immer mehr Raum geben wollen.

Das nächste Kapitel soll beispielhaft mit der Geschichte der persönlichen Suche nach Spiritualität und der für Walther H. Lechler wesentlichen Begegnung mit Menschen in den Gruppen der Anonymen Alkoholiker die Chance eines eigenen, inneren Wandels zeigen, wenn wir die Bereitschaft haben, auf die wesentlichen Geschichten von anderen zu hören und sie uns nahe gehen zu lassen.

Kapitel 2

SPIRITUELLE SUCHE

Ich gehöre zur Vorkriegsgeneration und hatte also nicht den – vielleicht fraglichen – Segen einer späten Geburt mitbekommen. Entsprechend geriet ich in große Zweifel und in Verzweiflung, als da plötzlich Menschen, die für mich als jungen Menschen einige Bedeutung hatten, gegenüber den Kriegsvorbereitungen keinerlei Vorbehalte zeigten. Menschen, die plötzlich Uniformen in der immer unfriedlicher werdenden Vorkriegszeit trugen, verursachten, dass ich mich bei meiner spirituellen Suche nicht so rasch zufrieden geben konnte. Erstaunlicherweise waren es dann wiederum Menschen in Uniform, bei denen und mit denen ich die erfüllendste und mich grundlegend prägende Erfahrung meines Lebens machen durfte.

Enttäuschung über bedeutende Erwachsene

Die ersten solchen Menschen in Uniformen erschreckten und erschütterten mich. Ich hatte schon vor diesen Begegnungen eine tiefe Unzufriedenheit bezüglich der Antworten gespürt, die ich, aufgewachsen in einer protestantischen Familie in Würzburg, von meinen Religionslehrern und Pfarrern bekommen hatte. Ich war mir in keinster Weise sicher, ob ich den

Konfirmationsunterricht überhaupt besuchen sollte. Und ich ging nur zur Konfirmation, weil ich meinem Großvater, der mit Krebs im Sterben lag, noch eine Freude machen wollte. Als eines Tages mein Religionslehrer in der deutschen Wehrmachtsuniform, an der Mütze und am Rock das Christuskreuz unter dem »Pleitegeier« mit dem Hakenkreuz, im Klassenzimmer erschien, der Mann, der uns das Christentum vermittelt hatte, da riss etwas in mir. Ich traute dem, was uns da an Werten und Lehren vermittelt wurde, nicht mehr. Wie konnte jemand den Krieg, das Töten von Menschen, von Christen bejahen, der uns von Nächstenliebe und von einem liebenden Gott erzählte. Nachdem ich den Gestellungsbefehl bekommen hatte, schilderte ich meinem Leiter Oskar Zeiß in der Jungschar des CVJM meine Verzweiflung, weil ich nicht töten wollte. Als ich aber dann darüber belehrt wurde, dass man eben der Obrigkeit nach dem 13. Kapitel des Römerbriefes Gehorsam schulde, da schloss ich innerlich mit allem ab, was man Kirche nennt. Ins Militär und damit in diesen grauenhaften Krieg musste ich dann trotzdem – völlig unbewehrt.

Eine weitere Enttäuschung im Krieg

In mir war also diese Unzufriedenheit aber gleichzeitig auch ein Wissen, dass es da noch irgendetwas anderes geben musste. In dieser inneren Situation fand ich zur Lektüre der Werke von Romain Rolland, der über Rama Krishna schrieb, über Swami Vivekananda und Mahatma Gandhi, die er alle persönlich kannte. Ich war davon ungeheuer beeindruckt. Ich fing an mit Meditations- und Yogaübungen. Es war mein innerster Drang, die Erleuchtung zu erlangen und die Kräfte von den unteren Chakras, wie es da gelehrt wurde, nach oben zu führen, damit eines Tages das passieren würde, was in diesen wunderbaren Texten aus Indien beschrieben war. In einem Antiquariat fand ich die *Deutsche Yoga-Schule* von Heinrich Jürgens, der als Fachautor maßgeblich zur Verbreitung von Yoga in Deutschland beitrug. Jürgens, wohnhaft im Badischen nahe der Schweizer Grenze, wurde dann mein Yogalehrer. 1942 war ich bei der Luftwaffe in Südfrankreich stationiert. Wegen einer schweren Hepatitis A hatte ich acht Tage Genesungsurlaub und ich besuchte bei dieser Gelegenheit meinen Yogalehrer Heinrich Jürgens. Ich hatte mit ihm ein intensives Gespräch über meine Gewissensbisse und meinen Widerwillen gegen das unsinnige Töten von Menschen. Ich erhoffte von ihm, nachdem ich ihm mein Herz ausgeschüttet hatte, er würde mir einen Weg in die Freiheit zeigen und mir zur Flucht in die Schweiz verhelfen. Er nahm mich auch mit auf eine Anhöhe und sagte: »Schauen Sie sich um. Hier in Deutschland ist es dunkel, dort drüben in der Schweiz ist es hell.« Und weiter sagte er zu mir: »Sie müssen töten.« Vielleicht war ich ihm zu unentschlossen und zu unentschieden und er wollte mich zu einer klaren Haltung provozieren. Aber mich traf es zutiefst, dass auch er keine Antwort hatte auf mein Suchen, und das stürzte mich in große Verzweiflung und vergrößerte die Unzufriedenheit in mir immer mehr.

Die Begegnung mit den Anonymen Alkoholikern

Im Juli 1954 begann in München eine neue, entscheidende Phase in meinem Leben, deren spätere Auswirkung ich für mein Leben und meinen Beruf nicht vorausahnen konnte.

Das Überangebot an Ärzten in Westdeutschland und die damit verbundene Aussichtslosigkeit, eine bezahlte Assistentenstelle zu bekommen, und andererseits die Möglichkeit, in den USA beim dort damals herrschenden Ärztemangel eine aussichtsreiche Existenz aufbauen zu können, ließ in mir den Entschluss zur Auswanderung reifen. Die US-Army, die in Europa stationiert war, suchte dringend Truppenärzte. So lag es nahe, dass ich gleich dort eine Anstellung anstrebte. Nach entsprechender Prüfung u.a. durch den Geheimdienst der Armee und einer kurzen Ausbildung bei einem Sanitäts-Bataillon in der Schwere-Reiter-Kaserne in München, rückte ich als Bataillons-Arzt bei den Pionieren in der Henry-Kaserne in München ein. Zwar bereitete es mir Gewissensbisse, mein Gelübde zu brechen, nie wieder eine Uniform anzuziehen, aber ich war jetzt wenigstens, so dachte ich damals, auf der richtigen Seite, auf der Seite unserer Befreier.

Der Empfang im Bataillon war für mich überraschend herzlich. Von allen Seiten erhielt ich Unterstützung, um mich schnell in den für mich noch etwas fremden Dienstablauf einzufinden. Der für mich zuständige Offizier, Leutnant Al McNabb, stellte mir gleich die Frage, ob ich Jude sei, denn sie könnten sich nicht vorstellen, dass ein »Kraut« (Scherzname für Deutscher) Bataillonsarzt werden wollte.

Einladung zum Meeting der Anonymen Alkoholiker

Ich war erst wenige Tage tätig, als ein Staff Sergeant (Stabsfeldwebel) bei mir auftauchte und sich sehr lässig in einen Stuhl meines Praxiszimmers fallen ließ. Staff Sergeant Robert H., der wegen seiner Größe auch »Little Bob« genannt wurde, begrüßte mich mit einem herzlich-vertraulichen »Hi Doc«. Da ich annehmen musste, dass dieser Soldat ein Anliegen hatte, stellte ich ihm die übliche Frage auf Englisch: »Was kann ich für Sie tun?« Darauf erwiderte er zu meiner Überraschung prompt:

»Nichts, aber vielleicht kann ich etwas für Sie tun!« Er riss mich aus meiner Verblüffung mit der Frage: »Kennen Sie die Anonymen Alkoholiker?« Ich musste verneinen, denn damals gab es noch keine Gruppen der AA (Anonymen Alkoholiker), weder in Europa noch speziell in Deutschland. Mit den Einheiten der US-Army, Air Force und Navy (Landarmee, Luftwaffe und Marine) kamen die am 10. Juni 1935 von zwei hoffnungslosen »Säufern«, einem verkrachten Börsenmakler, Bill Wilson, und einem Chirurgen, Dr. Bob S., gegründeten, sehr erfolgreichen AA-Gruppen über den großen Teich. Inzwischen üben diese Gruppen in über 150 Ländern ihre segensreiche Tätigkeit aus bei der Verbreitung ansteckender Gesundheit in Form von Erfahrung, Kraft und Hoffnung, und 2005 können die Anonymen Alkoholiker ihren 70. Geburtstag in Toronto feiern.

Robert H., heute Krabbenfischer in der Nähe von Boston, legte damals in meinem Dienstzimmer seine »Netze« aus, indem er mir nicht nur eine Serie sehr informativer AA-Broschüren auf meinen Schreibtisch legte, sondern – und das war sicher das Ausschlaggebendste seines Besuches – er lud mich zu den geschlossenen AA-Meetings der Gruppen unserer verschiedenen Einheiten ein. Ich konnte da noch nicht die Tragweite dieser unerwarteten Begegnung in der US-Army für mein späteres Leben und mein Wirken als Arzt ahnen. »*Life* is what happens when you haven't planed it.« (*Leben* ist das, was sich ereignet, wenn du es nicht geplant hast.)

Little Bob, als Staff Sergeant in einer verantwortlichen Position im Bataillon, war also Alkoholiker. Dies passte überhaupt nicht zu dem Bild, das mir während meiner medizinischen Ausbildung in Paris und Würzburg von Alkoholikern und Süchtigen durch die hohe Schule der Medizin vermittelt wurde. Süchtige und Alkoholiker (»Trinker« und »Säufer«) im Speziellen wurden uns als depravierte Menschen geschildert, als meist haltlose und willensschwache Sozio- und Psychopathen, als ausgebrannte Hülsen. Einer meiner klinischen Lehrer ermahnte mich, falls ich Alkoholiker auf der Station hätte, meine Zeit nicht an sie zu verschwenden, es seien in der Mehrzahl der Fälle »Drehtürpatienten«. Ich sollte mich vielmehr den wirklich Kranken widmen. Alkoholiker in einer Arztpraxis könnten übrigens den ganzen Laden versauen.

Erste Einblicke ins 12-Stufen-(Schritte)-Programm

Mit großer Neugier und mit wachsendem Interesse nahm ich mir die AA-Broschüren vor. Das klare, kurz gefasste, präzise formulierte 12-Stufen-(Schritte)-Genesungs-Programm und die 12 Traditionen – eine sehr hellsichtige Anweisung zur Grundstruktur der Bewegung – nahmen mich mehr und mehr gefangen. Im Genesungsprogramm der 12 Stufen werden schwer gestörten Menschen entscheidende Schritte nahe gelegt, die an Exerzitien in Klöstern erinnern.

Die erste Stufe »Wir gaben zu, dass wir dem Alkohol gegenüber machtlos waren und unser Leben nicht mehr meistern konnten«, die sicher viele erst nach langem Umherirren und Zögern erklimmen konnten, erschien mir eine fast unmögliche Wende, eine gewaltige Kapitulation, ein Loslassen und Aufgeben, ein Einsichtig-Werden, ein Eingeständnis totaler Ohnmacht, das Ende einer Höllenfahrt. Auf jeden Fall eine vernünftige Reaktion! Damals zollte meine nüchterne, professionelle Haltung diesen »armen Menschen« Respekt für eine geradezu unglaubliche Entscheidung.

Die Stufen 2 und 3 rührten bei mir an tief Verschüttetes: »Wir kamen zu dem Glauben, dass nur eine Kraft, größer als wir selbst, uns unsere geistige Gesundheit wiedergeben kann.« und: »Wir waren bereit, unseren Willen und unser Leben der Sorge Gottes, so wie ihn jeder versteht, zu übergeben.« Zurückblickend bin ich froh, dass es damals noch keine deutsche Übersetzung der AA-Literatur gab. In der Fremdsprache, »dem amerikanischen Englisch«, haben sich bei mir noch keine Abwehrmechanismen gewissen Formulierungen gegenüber aufbauen können. Und obendrein ist diese Sprache und ihr besonderer, sonorer, runder Klang – in meinen Ohren wie der vibrierende Ton der Freiheitsglocken – verbunden mit den jungen Menschen, die mich unter Einsatz ihres Lebens 1945 gefangen nahmen und mir so den Weg zu einer ungeahnten Freiheit eröffneten. Doch in der Folgezeit wurde vieles meiner so genannten christlichen Unterweisung und deren Auswirkung aus großen Tiefen gewaltig hochgespült.

Zunächst brach ich hier die weitere Lektüre der Stufen ab. War ich hier an eine der vielen christlichen Sekten, die es in den USA geben soll, geraten? Aber falls ich mich in den USA niederlassen würde, würde ich es sowieso mit Sektenangehörigen zu tun haben, also was soll's, so dachte ich damals weiter.

Was ist das für ein Gott?

Was ist das für ein Gott, den diese Säufer für sich entdeckt haben und der in den verschiedenen Stufen des Programms immer wieder auftaucht? Hat sich Gott die »Säufer«, die Schwächsten, ausgesucht? (Siehe dazu den Text von Phil Hanson am Schluss dieses Kapitels, S. 43 ff.) Ist es der Gott der Militärseelsorger, deren Plakate in den Gängen der Kaserne überzeugend verkünden, dass »christliche Soldaten bessere Soldaten« seien? Ist es der Gott, in dessen Namen die Atombombe, die auf Hiroshima abgeworfen wurde, gesegnet wurde? Oder ist es der Gott, der Herr aller jener Getauften, die sich jahrelang gegenseitig abgeschlachtet haben, zum Beispiel im Zweiten Weltkrieg mit seinen insgesamt 55 Millionen Toten? Auf unserem Koppelschloss stand »Gott mit uns«.

Oder ist es vielleicht auch der Gott, der Strafende und alles Sehende meiner Kindheit, der bei mir jede Form von Ausgelassenheit im Keim erstickte? Oder ein Gott, der Millionen tatenlos zusehen ließ, wie Nachbarn, Alte und Junge, Frauen, Männer und Kinder wie Vieh in die Vernichtungslager transportiert wurden? Meine Mutter Mimi und meine Großmutter Lina beteten zu Gott, er möge meinen Vater, meinen Bruder und mich aus dem großen Morden zurückkommen lassen. Mein Bruder Helmut ist im Osten irgendwo vermisst. Während der Besatzung in Frankreich flüchtete ich mich, wenn es der Dienst erlaubte, in katholische Kirchen. Dort beteten die Priester und Gemeinden flehentlich zu dem einen Gott, den Alliierten den Sieg zu schenken. Paul Claudel hatte im besetzten Paris einen regelmäßigen Gebetskreis, zu dem auch der von mir verehrte Schriftsteller und Friedenskämpfer Romain Rolland und seine Frau Marie eingeladen waren. Marie Rolland erzählte mir 1949 in Paris, dass sie damals Paul Claudel erst nach heftigstem Widerstand seinerseits dazu brachten, auch für die »anderen Deutschen« zu beten. Das sind einige Hinweise, die sehr verkürzt das wiedergeben, was sich damals in mir abspielte. Der lauwarme Konfirmationskaffee kam mir nochmals hoch! Erst etwas später bei der Lektüre des Big Book, des Leitfadens von Bill Wilson, durfte ich entdecken, dass ich selbst eine verwandte Reaktion hatte, eine Erkenntnis, die es mit sich brachte, dass ich mich ihm sehr nahe fühlte.

Eine klassenlose Gemeinschaft

Ich folgte nun der sehr herzlichen Einladung zu einem Meeting der Anonymen Alkoholiker in der US-Army. Ich muss zugeben, dass ich nicht von dem Gefühl frei war, nun als Bataillons-Arzt, als Fachmann gewissermaßen, diesen armen Menschen einen Gefallen durch mein Erscheinen zu erweisen.

Es war ein nüchterner, großer Raum in der Kaserne. An den Wänden unübersehbar die 12 Stufen und 12 Traditionen und mehrere Poster mit den »Slogans« der AA wie beispielsweise »Easy does it« (Eile mit Weile), »Think. Think. Think.« (Denk. Denk. Denk), »First things first« (Das Wichtigste zuerst) und »Let go and let god« (Lass fahren dahin. Überlass es Gott). In einer Ecke wurde sehr übersichtlich auf einem Tisch die von den AA empfohlene Literatur angeboten, darunter das *Big Book* (in Deutschland heute *Das blaue Buch*), der Leitfaden im wahrsten Sinne des Wortes der AA.

Ich wurde sehr herzlich vom Leiter dieses Abends und einigen anderen der Gruppe begrüßt und willkommen geheißen. Etwa 30 Männer und Frauen, alles Armee-Angehörige, hatten sich inzwischen eingefunden. Beglückt erlebte ich von Anbeginn, obwohl ich fremd war, eine warme, herzliche Atmosphäre, die ich, dazu in der Armee nicht erwartet, als unwirklich empfand. Seit Oktober 1953 waren auch der deutsche Ingenieur Max und zwei seiner Freunde zu den AA-Gruppen in der US-Army gestoßen. Es waren die verschiedensten Rangstufen vertreten. Der höchstrangige Offizier war Oberst, Zahnarzt und Direktor der damaligen Zahnklinik. Neben Offizieren dann auch Unteroffiziere und wegen ihres Alkoholismus degradierte Soldaten, Menschen verschiedenster Herkunft. Nach einer kurzen Einleitungsrunde, die darin bestand, dass Einzelne nacheinander die 12 Stufen und die Präambel »Anonyme Alkoholiker sind eine Gemeinschaft ...« vorlasen, meldeten sich verschiedene Teilnehmende zu Wort und erzählten ihre Geschichte, die sie zu den AA führte.

Es kam nur und ausschließlich auf das Erzählen und Berichten an und auf das Zuhören. Viele waren bereit, ihr Herz auszuschütten. Alles spielte sich in einer warmen, Anteil nehmenden Atmosphäre ab, wo sich jeder und jede geschützt erleben konnte. Auf den auf Tischen aufgestellten Karten stand: »Was du hier siehst und was du hier hörst, lass es hier!« Die Berichte folgten einem gewissen Schema: Was einmal war, was dann geschah und was heute ist. Die Berichte wurden nicht diskutiert, es wurden keine Fragen gestellt, keine Ratschläge gegeben. Wenn jemand bereits länger an den Gruppen teilnahm und im Programm mit den 12 Stufen arbeitete, war zu beobachten, dass sich auch die Geschichten veränderten. Der Teil, der über das ging, was war, wurde kürzer, die Schilderungen dessen, was dann geschah, deutlicher; und über das, was jetzt ist, wurde noch ausführlicher gesprochen. Stellung, Rangabzeichen, Bildungsgrade, Besitz, Hautfarbe, alles, was sonst im Leben Bedeutung hat und Unterschiede schafft, zählten in der Gruppe überhaupt nicht. Auch spielte die Zugehörigkeit zu verschiedenen Formen etablierter Religionen oder auch Atheist oder Agnostiker zu sein, keine Rolle. Ausschlaggebend war der Wunsch, mit dem Trinken aufhören zu wollen, um nüchtern zu werden. Ich befand mich in einer klassenlosen Gesellschaft von der Art, wie es sich Politiker und Kirchenmänner vom Schlag eines Hans Küng nicht einmal im Traum vorstellen können. Tatsächlich muss ich zugeben, dass ich anfänglich skeptisch blieb, weil ich nicht glauben wollte und konnte, dass es in unserer Welt und dann noch in einer solchen Umgebung, in einer Armee, nach all meiner Erfahrung so etwas geben soll und kann. Und außerdem haben sich bei mir Empfindungen geregt, die mich darauf hinwiesen, dass diese Menschen etwas hatten, wonach ich so lange schon gesucht habe. Das machte mich anfällig und ich fürchtete, meine Kritikfähigkeit zu verlieren.

Was machte diese Menschen aus?

Was war es, was diese Menschen hatten? Sie waren rückhaltlos offen und steckten andere mit dieser befreienden Offenheit an. Jeder und jede war frei, selbst zu wählen, wie weit sie sich öffnen und hineingeben können. Niemand wurde zu irgendeiner Äußerung gezwungen. Alle sind selbst diesen Weg gegangen und jeder und jede wusste sehr genau aus eigener Erfahrung, was sich gerade in den anderen abspielt. Mich hat von Anbeginn der herrliche, ehrliche Humor angesprochen. Immer wieder wurde während eines Berichts gelacht, sogar an erschütternden Stellen, aber es war klar, dass alle damit sagen wollten: »Hast du eine Ahnung, wie gut wir das alles nachvollziehen können. Du solltest mal unsere Geschichten hören, dann könntest du das verstehen.«

Unvergesslich blieb mir unter anderem der folgende Ausspruch: »Wenn du wie bei einem Spagat einen Fuß in die Zukunft stellst und den anderen in die Vergangenheit, dann kannst du sicher sein, dass du auf das Heute pisst.«

Ängstlichen Neuankömmlingen wurde, wie ich es oft gehört habe, gesagt: »Komm immer wieder, wenn es dir bei uns gefällt. Wir werden dich so lange lieben, bis du wieder in der Lage sein wirst, dich selbst zu lieben.«

»Diese Bereitschaft, Ehrlichkeit und Offenheit sind wesentlich für die Gesundung. Aber sie sind wirklich unerlässlich.« So steht es im *Big Book*, dem *Blauen Buch*. Dies war spürbar, erlebbar – und steckte an. Durch das aufmerksame Zuhören geschah in mir schon in den ersten Meetings etwas. Ich konnte durch die Lebensgeschichten die Wandlung miterleben, die diese Menschen mit sich erfahren konnten. Und dadurch wurde in mir ein Prozess in Gang gesetzt und hat etwas reifen lassen. Ich konnte das, was bei den anderen geschah, auf mich beziehen. In *ihren* Geschichten begann ich *meine* Geschichte zu hören! Ich, der ich kein Alkoholiker war, erkannte meinen »Alkohol«, ich wusste mich mit Menschen zu besaufen. Ich erkannte meinen Hunger danach, wie ich von anderen Menschen, in meinen Beziehungen immer wieder neu erfahren wollte: Ich bin richtig, ich bin erwünscht, ich bin anerkannt, ich werde wahrgenommen. Ich benutzte menschliche Beziehungen, um dieses Loch in mir, diese Leere zu füllen.

Erfahrungen mit einem liebenden Gott, der Berge versetzt

Durch die Lebensgeschichten in den Meetings habe ich damals von einem liebenden Gott erfahren, von einer Kraft, größer als wir selbst, die wahrlich in der Lage ist, Berge von maßlosem Leid, von Verzweiflung, Zerrissenheit und Schuld, von Aussichts- und Hoffnungslosigkeit zu versetzen. Wie viele einfache Menschen, mit denen ich früher nie zusammengekommen wäre oder deren Nähe zu suchen ich keinen Grund gehabt hätte, haben mir von dieser heilenden Kraft aus ihrem gewandelten Leben berichtet in Worten wie: »Ich musste sterben, alles verlieren, durch die Hölle gehen, um wieder zu einem völlig anderen Leben zu erwachen, wie ich es mir nie hätte vorstellen können.« Bill Wilson nennt im *Big Book* diese vier spirituellen Erfahrungen, nämlich »sterben«, »alles verlieren«, »durch die Hölle gehen« und »zum Leben erwachen«, die vier Paradoxien.

Die Menschen in den Gruppen der AA haben aber über diese Macht, diese Kraft, größer als sie selbst, nicht einfach nur geredet oder sich zu ihr bekannt in der Art eines Glaubensbekenntnisses. Ich erlebte bei ihnen anschaulich und direkt, welche Wirkung diese Kraft in ihnen hatte und wie ihr Leben dadurch verändert wurde. Es war ihnen gelungen, diese Kraft anzuzapfen und sie so unmittelbar zu erfahren. Im Aramäischen, so schreibt es Rocco A. Errico in seinem Buch über das Vaterunser, heißt diese Wirk-Kraft, diese Energie »haila«. Und dieses Wort kann mit »herrschender Kraft«, mit »befähigender Kraft« wiedergegeben werden. Genau davon, wie diese höhere Kraft oder Macht – was immer das ist – in ihnen Wirklichkeit wurde, hörte ich von den Menschen in den Meetings, wenn sie so offen und direkt von ihren Erfahrungen erzählten.

Ich möchte zusammenfassend aus drei Berichten zitieren, die in der AA-Zeitschrift »Grapevine« im November 2002 publiziert wurden, um zu verdeutlichen, was es ist, was mich an der in der AA-Bewegung gelebten Spiritualität so packt und anrührt.

Es gelingt diesen Menschen, die einfach ganz direkt von dem erzählen, was sie ergreift, immer wieder, dafür Worte und Bilder zu finden, die einem nahe gehen und etwas Heilendes, etwas Erlösendes in einem bewirken können.

»Ich will dir die Jahre der Heuschrecken wieder zurückgeben«

N.G. aus Neoga, Illinois, berichtet, in der Kirche habe sie nur einen drohenden, strafenden Gott kennen gelernt, der jeder Fröhlichkeit und Lockerheit des Lebens gegenüber abhold sein musste. Eines Tages entschied sie sich, mit dem Trinken aufzuhören und gleichsam einsam in einem Boot den anderen Weg mit AA zu versuchen, auch wenn es vielleicht eine freudlose Zeit werden sollte ohne ihre früheren Freunde. Über diese Zeit sagt sie jetzt:

> *»Ich sehe eine Frau in einem kleinen Boot. Ich spüre ihre Einsamkeit, ihre Ängste und Frustrationen. Mir tut sie weh, aber da ist eine Milde im Schmerz, die Milde der Dankbarkeit, denn sie lebt nur in meinen Erinnerungen so. Möge sie dort bleiben. Ich habe eine ganze Kehrtwendung gemacht. Ich bin jetzt dorthin zurückgekehrt, wo ich die schwer wiegende Entscheidung getroffen habe, die mein Leben veränderte. Ich schreibe jetzt an die neue Frau – und an jede Frau, die heute neu in der Gemeinschaft der AA ist. Die einsame, angsterfüllte Frau von damals konnte sich ein Leben ohne Alkohol und all die vertrauten Verästelungen eines Säuferlebens nicht vorstellen. Vor 13 Jahren, 40 Jahre alt, zweimal geschieden, war alles, was ich vor mir se-*

hen konnte, ein einsamer Pfad, auf dem ich mich allein hinschleppen musste. Zur Arbeit gehen, heimkommen, sich um die Familie kümmern, allein zu AA-Meetings gehen. Das Beste, was ich aus meiner Selbst-Erforschung herausholen konnte, war:

- *Die konkreten Einzelheiten eines scheinbar vergeudeten Lebens einem anderen Menschen berichten.*
- *Demütig diejenigen um Vergebung bitten, denen ich geschadet habe.*
- *Jeden Morgen, Tag für Tag den Gott meines noch beschränkten Verständnisses um seine Führung für heute zu bitten. Täglich, meist stündlich, meine Bitte um seinen Weg in meinem Leben erneuern.*

Das war alles. Aber trotzdem konnte ich langsam einen Wandel fühlen. Dinge, die immer so wichtig erschienen, waren nicht mehr wichtig. Da war beständig eine Wärme, ein Aufweichen, ein Rühren, vergleichbar einer Rosenknospe, deren Blütenblätter sich fast unmerklich zu einer Blüte entfalten.

Auch du, neue Frau, kannst leben, wirklich leben. Lieben, auch Lachen und ein köstliches Gefühl von Wohlergehen tief unten in dir wird dir den Anstoß geben und die Veranlassung sein für deine Genesung. Aber nicht nur für die Genesung von der Krankheit des aktiven Alkoholismus, sondern viel tiefer: für die Genesung von deinem früheren Selbst. Solch eine vollständige Genesung kann, wie ich glaube, nur durch die angstfreie Anwendung spiritueller Prinzipien in unserem täglichen Leben erreicht werden. Ich höre das Surren und Summen der Heuschrecken und ich erinnere mich an eine Stelle, die ich über den Mann Joel gelesen habe. Die Heuschrecken haben sein Land Jahr für Jahr verwüstet, aber Gott sagte zu Joel: »Und ich will euch die Jahre erstatten, deren Ertrag die Heuschrecken, Käfer, Geschmeiß und Raupen gefressen haben, mein großes Heer, das ich unter euch schickte.« (Joël 2,25)
Mein Herz wird weit und Tränen der Dankbarkeit füllen meine

Augen, denn auch mir wurden die Jahre der Heuschrecken wieder erstattet durch die gesegnete Gemeinschaft, AA genannt.

Meine Träume sagen mir etwas anderes

Dee C., Fruitpern/Michigan

»Eines Tages bin ich nach einer versoffenen Nacht verletzt im Gefängnis gelandet. Keine Erinnerung mehr war da an das, was geschehen war. Alles, was ich mir gewünscht hatte, war einfach Glücklichsein. Diesem exklusiven Glücksgefühl bin ich auf falschen Plätzen mit den falschen Leuten nachgejagt. Mein Verstand sagte mir, dass ich zu nichts Besserem in der Lage bin. Ich bin's nicht wert. Aber meine Träume sagten mir etwas anderes. Meine Träume sagten mir, dass Glücklichsein gefunden werden kann und ich es wert bin. Ich wurde mit nichts in der Tasche entlassen, ohne zu wissen, was geschehen soll. Monate der Not folgten, Tag für Tag ohne zu trinken, Tag und Nacht nur eine Qual, um endlich in meinem ersten AA-Meeting zu landen, wo ich sofort wusste, dass ich jetzt daheim bin. Mein Gebet war erhört worden und die Antwort war Hoffnung.«

»Instant hope«, also »sofortige Hoffnung« wurde dieses Erleben von dem kanadischen AA-Mitglied John Bernard genannt.

Das »Mitten-Drin«

Kevin, Evanston/Illinois

»Ich heiße Kevin und bin Alkoholiker. Oh, ich bin aber auch noch anderes. Ich bin Ehemann und Vater. Ich bin Presbyterianer, eingetragenes Mitglied einer politischen Partei und außerdem Absolvent einer der zehn großen Universitäten. Ich bin Herausgeber einer Zeitschrift und Vorortbewohner. Ich fahre eine

Familienkutsche, aber keinen Geländewagen. Ich liebe Katzen und bin Amateur-Historiker in Sachen Bürgerkrieg. Und so könnte ich weitermachen. Wenn ich mich an Freunde wende, sei es direkt oder schriftlich, die auch Alkoholiker sind, bin ich zuallererst und überhaupt Alkoholiker. Warum ist mir dies so wichtig? Wenn ich mich selbst auf eine der anderen Beschreibungen festlege, dann stelle ich mich so dar, um mich mit dir zu messen. Du bist auch ein Vorortler. Gut, aber mein Vorort ist wohlhabender. Du fährst einen Geländewagen. Meine Familienkutsche zeigt jedoch, dass ich umweltbewusster bin. Du interessierst dich für die Geschichte des Bürgerkriegs? Ich wette, dass ich darüber mehr weiß. Mir selbst und den anderen Arten der Selbstdarstellung überlassen, führt es dazu, dass meine Denkmaschine in dem Moment zu arbeiten beginnt, in dem ich dich treffe, um gleich festzustellen, ob ich besser bin als du oder nicht so gut wie du. Doch da gibt es ein ›Mitten-Drin‹. Theoretisch bin ich entweder besser oder nicht so gut wie irgendwer in der Welt. Ich erlebe mich abgetrennt. Ich bin verschieden. Ich bin einzigartig. Ich werde missverstanden. Ach, ich Armer! Wenn ich mich aber dir gegenüber als Alkoholiker identifiziere, führt das dazu, mich mit dir auf einem ›Mitten-Drin‹ einzulassen, von dessen Existenz ich keine Ahnung hatte. Dieses ›Mitten-Drin‹ ist spirituell, das heißt, es ist nicht von dieser Welt. Es ist ein Ort, wo der eigene Status und seine Symbole sowie alle diese Urteile und Vorurteile nicht existieren, wo wir alle nichts anderes sind als unvollkommene menschliche Wesen. Dort habe ich zum ersten Mal intensiv in meinem Bauch erkannt, dass wir alle tief in unserem Inneren einen Funken haben, der, wie ich zu glauben beginne, eine Manifestation des obersten Lenkers oder von Gott ist. Anders ausgedrückt: Das ›Mitten-Drin‹ ist meine Brücke zum Menschsein. Dort habe ich zuallererst unsere Gemeinsamkeit als unvollkommene Menschenwesen erkannt. Bill Wilson, der Mitbegründer der AA, bezog sich einmal auf die Anonymen Alkoholiker als einen ›Spirituellen Kindergarten‹. Ich finde diesen Vergleich besonders treffend. Als ich zu

AA stieß, wurde mir knallhart bewusst, dass da noch andere waren, die auf die gleiche Weise wie ich gelitten haben. Auf meinem weiteren Weg, beim Durcharbeiten der 12 Stufen, wurde mir klar, dass wir Alkoholiker kein Monopol auf Leiden haben. Und so bin ich Leuten auch im alltäglichen Leben auf dem ›Mitten-Drin‹ begegnet, wo, wie schon gesagt, Statussymbole und Beurteilungen nicht existieren. Oh, ich falle natürlich mit alarmierender Häufigkeit immer wieder zurück in meine alte Denkart, aber AA gibt mir das Handwerkszeug, auch damit fertig zu werden. Wie die Zeit nun so fortschreitet und ich mir mehr und mehr dieses Geschenkes bewusst werde, wächst im selben Maße auch meine Dankbarkeit. Und alles fängt damit an, mich als Alkoholiker zu sehen und anzunehmen.«

Halten wir hier nochmals fest: Ein Alkoholiker ist ein Mensch, der die Wirklichkeit nicht mehr nüchtern erkennen kann. Dem werden wir alle zustimmen. Doch nicht nur Aethyl-Alkohol kann uns betrunken machen, sodass wir der Realität der Welt und des Lebens nicht mehr klar ins Angesicht sehen können. Eigentlich eignet sich alles, es wie Alkohol zu gebrauchen und sich damit zu besaufen und die Klarheit und Nüchternheit dem Leben gegenüber zu verlieren und wie betrunken durch die Welt zu gehen. Wenn wir sehen und eingestehen, womit und wie wir das machen, haben wie die Chance, für uns dieses »Mitten-Drin« zu finden, von dem Kevin so eindrücklich berichtet, und das dann eine Brücke zu unserem eigenen Menschsein und dem Menschsein des Mitmenschen werden kann.

An dieser Stelle wird mir die Erinnerung wieder lebendig, was 1972 beim 2. Weltdiensttreffen der AA in New York geschah, und was meine Begleiterin folgendermaßen zum Ausdruck brachte: »Nach unserer Ankunft stellten sich die Delegierten von 37 Ländern in der üblichen Art vor. ›Ich bin Margret, Alkoholikerin aus Deutschland.‹ ›Ich bin Jorge, Alkoholiker aus Mexiko.‹ ›Ich bin Charles, Alkoholiker aus Frankreich‹, ›Ich bin Jimes, Alkoholiker aus Chicago‹. Usw. Und als wir uns alle so vorgestellt hatten, wussten wir alles voneinander!«

Wo gibt es in unserer Welt eine Gemeinschaft, in der wir uns auf ein Stichwort hin gegenseitig in unserer Wesenheit erkennen?

Gott ging zu den Säufern

Der Autor dieses Textes ist unbekannt. Er beschreibt in einer Art Gedicht, wie er die Spiritualität der AA sieht. Eine Spiritualität, die von den Gründern der Anonymen Alkoholiker aufgrund ihrer eigenen Erfahrung in der Krise, in die der Alkoholismus sie brachte, entdeckt und gefunden wurde.

»Gott in seiner Weisheit hat diese Gruppe von Männern und Frauen ausgewählt, als Überbringer seiner Güte zu wirken. Bei der Auswahl derer, die diesen Auftrag ausführen sollten, ging er nicht zu den Stolzen, den Mächtigen, den Berühmten oder den Glänzenden. Er ging zu den Demütigen, den Kranken, den Unglücklichen. Er ging direkt zu den Säufern, den so genannten Schwächlingen dieser Welt.

Und so mag er zu uns Alkoholikern gesagt haben:
In eure schwachen und bedeutungslosen Hände lege ich vertrauensvoll eine Macht, die sich allen Einschätzungen und Vorstellungen entzieht.
Euch wurde das gegeben, was den Gebildeten unter euren Mitmenschen verweigert wurde.
Diese Gabe, womit ihr andere Alkoholiker heilen könnt, habe ich nicht Wissenschaftlern oder Staatsmännern gegeben, auch nicht Ehefrauen und Müttern, nicht einmal meinen Priestern und Pfarrern, sondern ganz vertrauensvoll nur euch.
Selbstlos muss sie angewandt werden.

Große Verantwortung ist mit ihr verknüpft.
Kein Tag kann dafür zu lang sein.
Keine Inanspruchnahme durch andere, was eure Zeit anbelangt, kann zu dringend sein.
Kein Fall ist zu aussichtslos, keine Aufgabe zu schwierig, keine Anstrengung zu groß.
Mit Toleranz muss sie angewandt werden, denn ich habe ihre Anwendung auf keine Rasse, kein Glaubensbekenntnis und keine Kirchenarten beschränkt.
Auf persönliche Kritik müsst ihr gefasst sein.
Mangelnde Wertschätzung wird das Übliche sein.
Spott wird euer Los sein.
Eure Motive werden falsch beurteilt werden.
Auf Anfeindungen müsst ihr gefasst sein, denn was Menschen Anfeindungen nennen, ist die Leiter, die es braucht, um die Sprossen in Richtung einer Fülle und Offenheit für das Ganze und Allumfassende zu erklimmen.
Und denkt daran, bei der Ausübung dieser Macht (Kraft) werde ich euch nicht über Gebühr beanspruchen.
Ich habe euch nicht wegen eurer außerordentlichen Talente ausgewählt.
Und seid immer vorsichtig, wenn sich Erfolg bei euren Anstrengungen einstellt, dass ihr diesen Erfolg nicht eurer persönlichen Größe, sondern der Wirkung meines Geschenkes zuschreibt, und sie anerkennt.
Wenn ich gewollt hätte, dass Studierte diese Mission ausführen sollen, dann hätte ich die Macht (Kraft) vertrauensvoll Ärzten und Wissenschaftlern gegeben.
Wenn ich Gelehrte gewollt hätte ... Die Welt ist voll von qualifizierteren Leuten, als ihr es seid. Ich hätte genug von ihnen bekommen.
Ihr seid ausgewählt worden, weil ihr die Ausgestoßenen dieser Welt seid.
Eure lange Säufererfahrung hat euch in einer demütigen Haltung hoch sensibel werden lassen gegenüber den Notrufen, die von überall her von den einsamen Alkoholikerherzen zu hören sind.

Seid immer eingedenk des Eingeständnisses, das ihr am Tag eurer Berufung zu AA abgelegt habt, nämlich dass ihr machtlos seid.
Nur die Bereitschaft, euer Leben und euer Wollen meiner Obhut zu übergeben, brachte euch die Befreiung.«

(aus: Philip L. Hansen, 1982)

Wen Gott liebt, den lässt er Alkoholiker werden

Ich zitiere heute in Zusammenhang mit meinem spirituellen Verständnis des Alkoholismus gerne den Vers aus dem Hebräerbrief »Wen Gott liebt, den züchtigt er« und wandle ihn auf die Alkoholiker bezogen wie folgt ab: »Wen Gott liebt, den lässt er Alkoholiker werden.«

Dies wirkt zunächst wohl provozierend. Es lohnt sich aber, diesen Satz nicht gleich zu übergehen, vor allem wenn man seinem eigenen »Besoffensein«, von was auch immer, auf die Spur gekommen ist. Er wird eine sehr breite und tiefe Wirkung haben. Ganz grundlegend gilt für all unser spirituelles Suchen die Einsicht des spanischen Kabbalisten Moses de León (1270–1300): »Gott verschließt sich dem Verstand des Menschen, aber offenbart sich seinem Herzen.«

Wohin mein Weg mich weiterführte

Meine ersten Begegnungen 1954 mit den Anonymen Alkoholikern und die nachher über Jahre in vielen Meetings gemachten Erfahrungen haben den von einem tiefen inneren Erleben her gelegten Grund geschaffen, auf dem später meine Arbeit in der sozio-psychosomatischen Klinik in der Kullenmühle, einem Ortsteil von Bad Herrenalb, beruhte. Aus diesem hier geschilderten Erleben heraus begann ich dort dann sehr bald auch auf meine eigene Art Vorträge zu halten, bei denen ich mich auf biblische Geschichten bezog. Ich holte mir für deren Ausgestaltung von überall her Anregungen, die zu meinen Erfahrungen passten oder mit diesen übereinstimmten, aber mich auch in meinem eigenen Erleben neue Wege sehen und gehen ließen.

Kapitel 3

DIE BIBEL, DAS ABENTEUERBUCH DER MENSCHEN

Heilige Texte, die unsere Sehnsucht wach halten

Wir sind im christlich-jüdischen Kulturkreis aufgewachsen und hier zu Hause. Die Bibel spielt bei uns eine große, wichtige Rolle. Sie prägt unsere Kultur zutiefst. Sie ist unser heiliges Buch, das heißt, sie enthält alle wesentlichen Texte über das Göttliche, alle wesentlichen Weisheitsgeschichten des Abendlandes. Wären wir in einem anderen Kulturkreis aufgewachsen, würden wir uns vielleicht mit Texten des Korans, der Veden, der Baghavadgita oder anderer heiliger Bücher auseinander setzen. Diese von mir in der Klinik eingeführten und konzipierten öffentlichen Veranstaltungen, bei denen ich mich durch biblische Texte inspirieren ließ, haben also nicht irgendeine Kirche oder eine Konfession im Blick, sondern einfach uns als Menschen. In der Bibel sind die Erfahrungen von Menschen niedergelegt. Es sind in vielen Bildern und Geschichten all die Eingebungen und Inspirationen aus dem Unbewussten aufgehoben, mit denen wir in unserem Leben die Wege finden können, nach denen wir uns alle zutiefst sehnen. Diese Sehnsucht in uns, im Leben anzukommen, ja endlich einmal heimgekommen zu sein, ist die treibende Kraft in uns, die uns nicht ruhen lässt, bis wir etwas von diesem Gesuchten finden. Die heiligen Texte der Bibel und die heiligen Texte aus jedem anderen Kulturkreis halten diese Sehnsucht und dieses Suchen wach und sind Wegweiser, damit wir uns aufmachen, unsere Fährte oder Spur zu finden, um uns immer mehr angstfrei, geborgen und geliebt fühlen zu können und den Sinn zu finden, warum wir überhaupt auf diesem Planeten sind. Und eines Tages werden wir auf unserer oft verzweifelten, manchmal scheinbar ergebnislosen Suche beglückt und freudig das entdecken, was wir schon immer gesucht haben. »Mensch, alles was du willst, ist schon zuvor in dir. Es liege nur an dem, dass du's nicht wirkst herfür« (*Angelus Silesius*).

Die Art, wie diese »Bibelstunden« verstanden werden, verdanke ich zunächst dem Genfer Arzt Paul Tournier. Er war Internist, Kardiologe und Begründer der »Médecine de la Personne«. Er nannte die Bibel das »Abenteuerbuch eines jeden Menschen« und bezog sowohl Geschichten aus dem Alten wie aus dem Neuen Testament in seine ärztliche Therapie mit ein. Als ich damals 1971 mit meiner Tätigkeit als Chefarzt in der neu eröffneten und neu konzipierten sozio-psychosomatischen Klinik in einem umgebauten Gasthaus in der Kullenmühle in Bad Herrenalb begann, hatte er mich ermutigt, mich ebenfalls mit diesen weisen Texten zu befassen. Ich ließ mich also von ihm anstecken. Wie bereits ausführlich geschildert, war die Auseinandersetzung mit spiritueller Erfahrung und die Entdeckung von Spiritualität für die Genesung von unterschiedlichsten Abhängigkeiten und Süchten und deren psychosomatischen Auswirkungen ein wichtiger Teil meiner therapeutischen Sicht solcher Störungen, Krisen und Krankheiten. Bald nach Aufnahme dieser »Bibelstunden« durch mich, also einem neuro-psychiatrischen Chefarzt, was natürlich entsprechende Verwunderung, ja Irritation auch bei den Mitarbeitenden auslöste, stieß ich auf einen sehr weisen Juden und Rabbiner, Friedrich Weinreb. Er hat meine weiteren Schritte auf diesem Weg sehr geprägt. Er half vor allem mit, uns die Siegel der so genannten alttestamentlichen Texte, dem heiligen Buch der Juden, zu öffnen. Ihm gefiel es insbesondere, dass wir in solchen Zusammenkünften und auch in Vorträgen von ihm miteinander so schön träumen konnten. Er war es, der uns auch vermittelte, dass wir alle Bilder, von denen die heiligen Schriften voll sind, in uns haben. Es gilt nur, sie zu erwecken beziehungsweise *zu uns selbst aufzuwachen* und dann könnten wir all diese Weisheiten selbst vermitteln oder niederschreiben. Oder vielleicht auch sie »einfach nur« leben. Friedrich Weinreb erzählte oftmals die folgende, liebenswürdige Geschichte:

Bevor wir auf die Erde kamen – heute würde man nach all den Filmen wie Star Wars oder Raumschiff Enterprise usw. wohl sagen, wir seien wie deren Besatzung von einem Raumschiff zum andern »gebeamt« worden, hierher auf die Erde »gebeamt« worden – wurden wir gewissermaßen darauf vorbereitet. Ein Engel hat uns – jeder von uns hat also offenbar einen Engel – die ganzen Geschichten von der Entstehung dieser Welt erzählt. Und dann hat er etwas sehr Weises getan. Er hat als Aufforderung zum Schweigen einen seiner Finger gestreckt und senkrecht auf unsere Lippen bis unterhalb unsere Nase gelegt. Und dass diese Geschichte stimmt, zeigt sich anatomisch an dieser Delle, die der Finger dort hinterlassen hat.

Dies erzählte Friedrich Weinreb zum Beweis, dass die Geschichten wahr sind und es nur gilt, zu ihnen und zu ihrer Weisheit aufzuwachen.

Es gibt nur einige scheinbar sehr keusche Männer, die dieses Wahrzeichen mit einem Schnauzbart bedecken!

Die Geschichten sind in uns und wollen uns verwandeln

Jeder und jede kann die Geschichten in der Bibel oder all den anderen heiligen Büchern für sich auslegen, wie sie oder er es will. Es ist immer richtig. Je nach Reifungsgrad oder je nach unseren Lebensumständen und -situationen werden wir die Bilder anders wahrnehmen und so die Geschichten anders erleben.

Alle diese Geschichten in der Bibel oder in anderen heiligen Büchern, falls wir zu einem anderen Kulturkreis gehören, spielen sich *in* uns ab. Die Worte und Sätze stammen zwar aus der äußeren Welt und schildern einen Vorgang, einen Ablauf im Rahmen von Zeit und Raum. Die Geschichten erscheinen zunächst wie ein historischer Vorgang, der vor langer Zeit stattgefunden hat. Und sie wurden und werden bis heute vielfach so verstanden. Meist bleibt es auch dabei. Auf diese Weise werden die Geschichten und Bilder zur Lehre, werden Dogmatik. Ich aber sehe und verstehe sie anders. Sie sollen und wollen Erfahrung werden, unsere eigene Erfahrung. Alles was mithilfe von Bildern aus der Realität unserer Welt geschildert wird, ist schon *in* uns vorhanden. Wir müssen deshalb bei all diesen Texten versuchen, sie in uns selbst hineinzuverlegen. Es gilt, die Bilder aus unserer *äußeren* Welt und die Schilderungen unserer *äußeren* Welt *in* uns zu verwandeln in etwas, was dann in unserem *Inneren* verstanden werden kann. Eugen Drewermann sagt: »Und von dem Unsichtbaren kann man auch nur reden und sprechen, indem man vom Sichtbaren auf eine Weise redet, die es in das Symbol einer dahinterliegenden Wirklichkeit verwandelt.« Und es kann ein ganz neues Erleben einsetzen. Man kann dieses Erleben auch als Mystik bezeichnen, von der Eugen Drewermann so treffend sagt: »Mystik ist die Kunst, tief im eigenen Herzen die Geschichten über das Göttliche derart zu erfahren und zu erleben, dass man davon verwandelt wird.« Eine biblische Geschichte, die uns berührt, wird dann unsere Geschichte. Oder anders gesagt: Es ist am Schönsten, wenn deren Bilder in uns als unsere eigene Geschichte aufwachen. Und die Bilder, die wir bereits in uns tragen, kommen zum Klingen, bekommen Leben. Und wir werden dadurch verwandelt. Dazu braucht es unsere Bereitschaft. Es ist die Frage, ob wir das zulassen.

Nach Anthony de Mello waren in alten Bibelschulen die Bücher derart gestaltet, dass auf der linken Seite der biblische Text stand und auf der rechten Seite sich nur eine weiße Seite befand. Und diese weiße, leere Seite war es, auf die es ankam. Auf ihr konnte das aufscheinen, was der Text drinnen im Menschen wachgerufen hatte. Sie war sozusagen die Projektionsfläche für das, was nur mit dem inneren Auge wahrnehmbar war.

Wenn uns eine Geschichte angesprochen hat, dann genügt es nicht, wenn wir diese Geschichte einmal lesen oder hören, sondern es ist ganz wichtig, dass wir uns diese Geschichte immer wieder vornehmen, damit ihre Bilder immer mehr in uns erwachen und uns Wege öffnen oder weisen zu einem erfüllteren Leben. Es gibt gewiss viele Formen des Meditierens. Eine Form davon ist es, uns Geschichten, bei denen wir spüren, sie könnten für uns etwas bedeuten, immer und immer wieder vorzunehmen und mit ihnen zu leben oder vielleicht sogar sie zu leben.

Das große Hindernis: unser Intellekt, unser Ego

Unser Intellekt ist ein köstliches Gut, das uns gegeben worden ist. Mit ihm sind wir in der Lage, die Gesetzmäßigkeiten dieser Erde zu begreifen. Und es bleibt zu hoffen, dass wir ihn nicht nur ab und zu benutzen, wenn es gilt, uns zu orientieren und uns zurechtzufinden in der Vielfalt unserer Welt und was sie ausmacht.

Aber mit diesem logisch denkenden Verstand können wir weder Märchen noch Mythen, weder Gleichnisse noch andere biblische Geschichten und heilige Texte verstehen. Wir können damit analysieren, wir können Dinge zerlegen bis auf kleinste Einheiten und einer Sache bis auf den Grund gehen, wir können ordnen und gliedern. Das alles aber hilft uns nicht, die Weisheit, die Botschaft, die Bilder in uns zum Erleben zu bringen, die eben in Märchen und Geschichten aufgehoben und verborgen sind.

Die moderne Hirnforschung hat in den Siebzigerjahren herausgefunden, dass wir Menschen in unserem Linkshirn den Ort des logisch denkenden Verstandes haben. Und dass das Rechtshirn der Sitz der Intuitionen, der Ahnungen, des Unbewussten ist und dass dort all die Mythen, Märchen, Legenden und all die Geheimnisse von der Entstehung der Welt und des Lebens eingelagert sind. Diese beiden Hirnhälften existieren nun nicht einfach abgetrennt voneinander. Es gibt da eine Brücke, eine Verbindung, corpus callosum genannt. Unser Hirn ist also so eingerichtet, dass es zwischen den Hirnhälften ein Herüber und Hinüber geben könnte oder geben sollte.

Unsere Gesellschaft und unser Leben ist leider vom Linkshirn geprägt. Unser gesamtes Erziehungs- und Bildungswesen ist sehr einseitig linkshirnig orientiert. Bei uns wird vor allem wertgeschätzt, was mit dem Linkshirn begriffen und wahrgenommen werden kann. In dieser Einseitigkeit sind wir gefangen und in unserer Wahrnehmung der Wirklichkeit sehr eingeschränkt. Zwischen Linkshirn und Rechtshirn gibt es eine eigenartige, starke Blockierung. Es fehlt uns die kräftige, starke Verbindung dieser beiden Hirnseiten, die uns in Kontakt bringen könnte mit der Ganzheit des Lebens. Rudolf Steiner, der Begründer der Anthroposophie, hat in seinen pädagogischen Grundsätzen den Versuch gemacht, diese Schleusen zum Rechtshirn etwas zu öffnen, wo all das Musische, das Kreative, das Geistige und Spirituelle eingelagert ist. Daraus haben sich dann Schulen und Kindergärten entwickelt, die nach der Waldorf- oder Montessori-Pädagogik arbeiten, mit dem Ziel, dass mehr Balance zwischen diesen beiden Hirnseiten beziehungsweise deren Funktionen entsteht.

Das Bild von der gemeinsamen Wurzel

Lange vor der modernen Hirnforschung gab es bereits ein uraltes Wissen, was diese Zusammenhänge angeht. Aber dieses Wissen ist in Bildern erzählt worden und kann also nur mit dem – heute auch erkannten – Rechtshirn verstanden werden! Eine alte Geschichte am Anfang der Bibel erzählt vom Paradies und von zwei Paradiesbäumen. Da ist der Baum des Lebens und da ist der Baum der Erkenntnis, der Baum des Wissens, der Unterscheidung von gut und böse. Und diese beiden Bäume – so erzählte es Friedrich Weinreb immer wieder so schön – sind durch eine große, starke Wurzel miteinander verbunden. Diese beiden miteinander verbundenen Bäume sind der Inbegriff des Paradieses, Symbol für die unendliche Fülle und des Ganzseins.

Im Aramäischen, das auch die Umgangssprache von Jesus war, gibt es das Wort »dina«, was übersetzt »Balance« heißt. Es wird auch gebraucht für das, was wir mit »Religion« bezeichnen. Wenn wir etwas von dieser Verbindung spüren oder erleben, also bildlich gesprochen von diesen beiden miteinander verwurzelten Paradiesbäumen, erfahren wir Religion, was weiter dann auch mit »Rückverbindung« übersetzt werden kann. Es gibt wohl keinen Menschen, der nicht im Innersten die Sehnsucht hat, in diese Verbindung und Balance zu kommen und aus ihr heraus seine Ganzheit verstärkt leben zu können.

Damit zu beginnen ist tatsächlich sehr viel einfacher, als es anfangs erscheinen mag. Aber das Einfache ist manchmal eben viel schwerer zu leben und zu tun als das Komplizierte. Dazu einige Beispiele: voller Staunen sein können über einen Sonnenaufgang oder Sonnenuntergang, oder gewahr werden, dass da ganz schöne Blumen in unserem Haus sind, oder auf einem Spaziergang ein ganz kleines Blümchen sehen, vielleicht den letzten Löwenzahn des Sommers. Wir sind erstaunt, dass da noch eine volle, gelb schillernde Blüte im Gras ist. Wir nehmen uns die Zeit und sehen uns diese Blüte einmal ganz genau an und wollen sie so richtig entdecken, als ob wir sie zum ersten Mal sehen würden. Wie oft passiert es, dass wir einfach an etwas vorbeigehen und im Nebenbei diese gelbe Blüte sehen und sagen: »Na ja, ein Löwenzahn, nicht?« Oder wir kommen vielleicht darauf, einen Menschen, den wir schon gut zu kennen glauben, wirklich einmal ganz neu anzusehen. Oft sehen wir uns ja nur in der Erinnerung. So entgeht uns häufig vieles. Der Benediktinerpater aus dem Kloster Münsterschwarzach und Zen-Meister Willigis Jäger fasst dieses Erleben, worum es im Tiefsten geht, sehr treffend zusammen: »Wir sind keine menschlichen Wesen, die hier auf dieser Erde eine geistliche, eine spirituelle Erfahrung machen, sondern wir sind spirituelle Wesen, die auf dieser Welt eine menschliche Erfahrung machen wollen.«

Gefangen in der Vielfalt

Bevor wir auf diese Welt kamen, sind uns alle Geheimnisse von der Entstehung der Welt mit all den kosmischen Zusammenhängen eröffnet worden. Unser Leben, unser leibliches Sein ist wie ein kleiner Kosmos, ein Mikrokosmos im großen Kosmos. Und in diesem wunderbaren Raumanzug, den wir für diese Reise über die Erde bekommen haben, ist alles vorhanden, was es auch im großen Kosmos gibt. Aber es scheint, dass wir das überhaupt noch nicht begriffen und noch nicht richtig ergriffen haben, sonst würden wir ganz anders hier auf dieser Welt leben.

Mit einigermaßen Glück hatten wir neun Monate Zeit, uns im Leib unserer Mutter dieser Welt zu nähern. Wir waren mit ihr völlig zusammen, völlig eins. Und dann ist etwas Furchtbares passiert. Denn als wir auf die Welt kamen, mussten wir diese Welt der Einheit, der Ganzheit verlassen und wir wurden hinausgeworfen in eine Welt größter Vielfalt. Und wir mussten nach einiger Zeit unweigerlich entdecken, dass wir gar nicht in der erträumten, richtigen Welt sind, in der wir glaubten, angekommen zu sein. Wir sind vielmehr aus dem natürlichen Uterus, also der Gebärmutter unserer Mutter, in einem künstlichen Uterus gelandet. Wir finden uns plötzlich wieder in einer Welt von Vorstellungen, von Urteilen und Beurteilungen, von Formeln und Regeln, von Ansichten und Weltanschauungen, die man uns beigebracht hat. Und wir haben diese Regeln einfach übernommen wie sie uns von den Altvorderen weitergegeben wurden, haben uns ihnen unterworfen und nur ganz selten haben wir gefragt: Gelten diese Regeln wirklich auch für uns? An dieser Welt zu zweifeln hätten wir nie gewagt. Es wäre uns wie Blasphemie vorgekommen. Wir richteten uns in ihr ein. Und wir bemerkten plötzlich und schmerzhaft: Wir sind in eine Welt von Gefängnissen geraten. Und wenn es ganz toll zugeht in unserem Leben, wenn wir spüren: »So kann's mit mir nicht weitergehn!«, beginnen die meisten von uns damit, das Gefängnis zu reformieren. Im Bild gesagt kümmern wir uns darum, dass uns bessere Unterbringungsmöglichkeiten geboten werden, oder dass die Lichtverhältnisse anders werden, oder dass nur solche Melodien uns berieseln, die wir wenigstens mögen, oder dass die Ernährung unseren Vorlieben und unserem Geschmack angepasst wird. Jedenfalls soll das Gefängnisleben angenehmer gestaltet werden, vielleicht ein

Mustergefängnis werden. Angesagt jedoch wäre eine Revolution! Also etwa: Nieder mit den Gefängnismauern! Heraus aus den beengenden Verhältnissen! Doch Revolutionäre leben meist nicht lang. Das ist unsere Angst. Und sie ist es, die uns am Handeln hindert. Ein solcher Revolutionär war dieser Jesus. Und er hat bekanntlich nicht lange gelebt. Man hat dann behauptet, er sei für uns gestorben und durch sein Blut seien wir von unseren Sünden reingewaschen worden. Das ist nicht richtig. Er ist uns zum Opfer gefallen und mit ihm alles, was sich in uns regt, was dieser Jesus in uns wachrufen wollte. Denn diese ungeheure Sehnsucht nach Erfüllung und Ganzsein, die ist nicht nur in diesem Jesus. Die ist in uns allen. Und wenn sie zum Erwachen gebracht wird, dann werden wir zunächst alles daransetzen, solange es irgendwie geht, diese Sehnsucht in uns zu unterdrücken und zu ersticken. Deswegen ändert sich augenscheinlich so wenig auf der Welt.

Ent-wickeln, womit wir eingewickelt wurden

Machen wir uns das noch etwas klarer am Beispiel der Kinder. Zu mir kommt täglich ein kleiner Junge ins Haus, zusammen mit seiner Mutter. Und bei ihm entdeckte ich erneut das, was bei allen Kindern so ist: Er kommt immer mit ganz wachen Augen herein. Ja, ich erlebe so richtig diese weiten Augen. Und dann freut er sich, wenn er mich sieht. Seine Mutter war bereits während der Schwangerschaft täglich bei mir und da muss er schon damals meine Stimme vernommen haben. Das erste Organ, das sich im Mutterleib entwickelt, ist nämlich das Ohr. Und durch die dünne und immer dünner werdende Bauch- und Uterushaut vernehmen Kinder nicht nur Stimmen, sie nehmen auch Lichterscheinungen wahr. Damit ist nicht alles neu, wenn sie dann auf die Welt kommen und alles unmittelbar sehen und hören. Sie sind unter anderem von vertrauten Stimmen umgeben von der Mutter, von den Geschwistern und vom Vater. Und dann beginnen sie zu entdecken. Und manchmal können sie einen regelrecht aufregen und ängstigen, weil sie zu viel entdecken wollen. Und alles muss in den Mund hinein. Die Welt ganz sinnlich, mit dem Mund, in sich aufzunehmen, das ist ein ungeheures Erlebnis. Dies geschieht gleichermaßen auch mit den Augen und den Ohren, mit all unseren anderen Sinnen. Alles will, so sagen wir in wissenschaftlicher Sprache, »internalisiert« werden. Und wenn ich dann diese noch so echten und ursprünglichen Kinder sehe, noch ohne all den Ballast, den sie dann im Laufe der Jahre aufgeladen bekommen, und wenn ich sehe, wie sie ehrfürchtig und beeindruckt zu den Erwachsenen hochschauen, möchte ich ihnen am liebsten zurufen: »Um Gottes Willen. Traut ihnen nicht! Sie wickeln euch ein.« Und »sie« – wir alle gehören dazu – können auch nicht anders, denn sie/wir sind auch einmal »eingewickelt« und missbraucht worden. Wir haben uns als Kinder gierig auf das Entdecken dieser Welt gestürzt. Wir haben von unseren Eltern gehört und vielleicht eingebläut bekommen, was wir von der Welt zu halten haben und wie wir die Welt zu sehen haben, im Glauben, es sei richtig so, ohne dass man uns die Gelegenheit gab, selbst darauf zu kommen. Wir wurden regelrecht »eingewickelt«. Und das, was dann später geschehen muss, ist, dass wir uns »ent-wickeln« müssen. Graf Dürckheim beschreibt das in seinen Büchern und wiederholte es in einem Gespräch mit mir folgendermaßen: »Der Karlfried«, so hieß er mit Vornamen, »musste durch die Dürckheims hindurch«, das ist die Konditionierung, die Prägung, die jeder und jede von uns über sich ergehen lassen muss, »um zum Karlfried zu kommen«. Das ist ein ganz gewaltiger Schritt der Loslösung. Und dann gibt es dieses bedeutsame Wort von Bert Brecht: »Vom Rockzipfel der Mutter kommen wir nur los durch einen Akt der Pietätlosigkeit.« Und da ist nicht nur die leibliche Mutter im Blick, sondern alle, die in der Art einer treu sorgenden Mutter uns das Richtige und Wichtige beibringen wollen, also auch die Schule, die Kirche, der Staat. Und ich denke, wir spüren, welches Wagnis mit diesem Akt verbunden ist. Wie schnell wird er uns doch als Akt der Rücksichtslosigkeit, der mangelnden Ehrfurcht ausgelegt und verurteilt. Aber wer ständig und auf alles Rücksicht nimmt, der findet nicht aus dem Gefängnis heraus und endlich zu sich selbst, zu seinem wahren Selbst. Es gibt keinen anderen Weg, als diesen Schritt zu tun und dieses Wagnis auf sich zu nehmen. Erst dann können wir unsere Familien, unsere Eltern, so ehren, wie es ihnen mit Recht gebührt, in einer erwachsenen Haltung.

Krisen: Gefahr und Chance

Die Art und Weise, wie im Folgenden biblische Texte aufgenommen und deren Weisheit weitergegeben wird, entwickelte sich im Umfeld der therapeutischen Arbeit mit belasteten Menschen. In den Erfahrungen mit ihnen, in ihrem Leiden und Klagen, ihrem Suchen und Sehnen, aber auch in ihrem Finden und Genesen, in ihren persönlichen Geschichten konnten wir vieles von dem, was sich da auch in diesen biblischen Geschichten abspielte, wieder finden.

Wer von uns ist kein belasteter Mensch? Wir alle sind belastet, weil wir ein schweres, ein falsches Ich mit uns herumtragen, das wie eine Rüstung über uns gestülpt wurde. Mit unserer Kultur, unseren »Werten«, unseren Sitten und Gebräuchen, unserer Religion ausgerüstet, suchen wir unseren Weg in dieser Welt. Unsere Anpassung an die Welt, in die wir schicksalsmäßig geraten sind, vollzog sich anfangs scheinbar ganz normal und so unbedingt, dass uns zunächst nie Zweifel gekommen sind. Erst wenn Lebensumstände uns dazu führen, dass unsere Rüstung, unsere Ausrüstung, unser falsches Ich nicht mehr genügt und sich als unzulänglich erweist, bekommen wir die Last zu spüren. Und es wird immer mehr zu einer Belastung, dem Leben nicht mehr gewachsen zu sein. Wie sehr wir uns auch sträuben, wir schlittern auf einmal in eine Krise hinein. Und wenn wir Glück haben, geraten wir nicht in die Hände von Wohlmeinenden, die alles aufbieten, um das Schlimmste zu verhüten, und uns so die Chance der Krise nehmen.

»Krisenklau durch wohlmeinende Fachleute« nannte Berthold Kilian diesen Vorgang. Menschen in einer Krise – das ist deren Chance – werden viel offener und aufgeschlossener für das Wesentliche im Leben, sofern sie sich trauen, sich aus der übergestülpten Rüstung herausfallen zu lassen. Und Vertrauen und Mut braucht es deshalb, weil wir damit einhergehend scheinbar auch aus unserer vertrauten Lebenssituation herausfallen und weil wir Angst haben vor dem drohenden Fremden oder der Leere. Aber nur so können wir Schritt für Schritt in das eigene, wahre Selbst hineinfallen, das wir immer schon hatten und das uns mit allen verbindet, die ihr wahres Selbst gefunden haben. In den biblischen Geschichten geht es um dieses große Abenteuer, das eigene wahre Selbst wieder zu finden, das uns schon immer zu eigen war.

Jede Krise ist so gesehen eine religiöse Krise, eine Glaubenskrise, auch wenn sie sich zunächst einmal nur im Äußeren darstellt und sich die oben genannten Helfer nur auf die äußeren Symptome stürzen. Sie können ja oft auch nicht anders, weil sie in dieser Hinsicht ausgebildet wurden. Im berühmten Roman von Henry de Montherlant *Un assassin est mon maître* lässt der Dichter den Patienten Exupère sagen: »Alles, was schrecklich ist, erschreckt mich. Aber das

Schreckliche in der Krankheit ist nicht das Leiden, sondern der Arzt.« In einer Krise oder einer Krankheit ist etwas versteckt, das geklärt und aufgedeckt werden will. Wenn nur an den Symptomen gearbeitet wird, sind anfangs viele Menschen froh, dass nicht mehr gemacht wird und dass sie so weitermachen können wie vorher. Wenn das Symptom weg ist, das ist schon einmal gut, denken sie, oder wenn mir nur gesagt wird, was mir fehlt, wenn die Diagnose klar ist und die Behandlung, dann kann ich einfach weitermachen wie vorher. Allerdings ist die Chance, durch die Krise etwas von dieser tiefen, inneren Sehnsucht nach dem ganz anderen, neuen Leben, nach dem verlorenen Paradies zu entdecken und anzufangen, bewusster zu leben, vertan.

Bedingungslose Kapitulation

Wir alle sind, ob wir es wahrhaben wollen oder nicht, aus einer Ganzheit in diese Welt geworfen, die uns durch die verführerische Vielfalt ihrer Einzelheiten die Ganzheit vergessen ließ. Was immer wir auch auf dieser Welt tun, um unsere unbewusste oder bewusste Sehnsucht, unseren Hunger und Durst nach Einheit zu stillen, die Welt wird es uns nicht geben können, auch wenn sie uns dies in tausendfältiger Weise immer wieder vorgaukelt und überzeugend zu versprechen weiß. Von außen her wird keine Lösung, keine Erlösung kommen.

Erst wenn sich in uns durch Schmerz, Not, Verzweiflung und Aussichtslosigkeit der Hunger und Durst so gesteigert hat, dass wir es nicht mehr auszuhalten gewillt sind und die Welt nicht mehr in der Lage ist, uns eine Befreiung zu versprechen, dann werden wir alles fallen lassen, was uns lieb, wert und teuer war, und erst durch diese bedingungslose Kapitulation, wenn wir nichts mehr in den Händen haben, wird uns all das geschenkt, um das wir auf eine das Leben verneinende Art bisher verzweifelt gerungen haben.

Was wir wirklich zum Leben auf dieser Erde brauchen, ist alles in uns angelegt. Es muss nur von uns abgerufen werden.

Darum heißt es: »Was immer ihr in meinem Namen vom Vater erbitten werdet, werdet ihr erhalten.«

Voraussetzung zum Leben ist: »Trachtet zuerst nach dem Reich Gottes und nach seiner Gerechtigkeit, das inwendig in euch ist. Und alles andere wird euch gegeben.«

Die Botschaft der Geschichten erfahren

Wie wir gesehen haben, erschließen sich uns biblische Texte nur dann, wenn wir sie nicht in erster Linie verstehen oder erklären wollen, sondern sie in unser eigenes Erleben hineinnehmen und hineinwirken lassen können. Vor allem die Geschichten von Jesus, die Gleichnisse und Wunder, können verglichen werden mit den Koans im Zen-Buddhismus. Ein Koan ist ein kurzer Text, der mit dem Verstand nicht aufgenommen werden kann und der, intellektuell gesehen, keinen Sinn gibt. Ein solches Koan wurde den Novizen, den jungen Mönchen und Nonnen gegeben, damit ihr Verstand daran zerbricht, respektive, dass etwas Neues, Anderes in ihnen aufbricht, das sie Erleuchtung nannten. Ihr Verstand soll also nicht ihre Erleuchtung verhindern. Eines der berühmtesten Koans wurde einem 12-jährigen Jungen gegeben, der im Kloster diente und der eben sah, wie diese Novizen je ganz persönlich einen auf sie zugeschnittenen Text bekamen. Er wollte auch so ein Koan. Durch ständiges Bitten und Betteln soll er dem Abt so auf die Nerven gefallen sein, dass er schließlich aufgab, in die Hände klatschte und dann zu ihm sagte: »Achte auf den Ton deiner rechten Hand.« Es wird erzählt, dass der

Junge verwirrt fortgegangen sei. Später habe man erfahren, dass man ihn unter einem Baum sitzend fand, im Zustand der Erleuchtung.

Wir spüren wohl sofort, dass es bei dieser Arbeit nicht lange dauert, bis der Verstand an seine Grenzen kommt und aufgibt und zerbricht. Vielleicht wird man zuerst auch wütend auf den Abt. Und irgendwann fängt der Zugang zum anderen, zum Rechtshirn an, wo eben all die Kenntnisse gelagert sind, nach denen wir uns so sehr sehnen und die wir manchmal aus Ungeduld oder Unvermögen mit irgendwelchen Methoden, Techniken, Übungen oder Drogen herbeizuführen versuchen. Es ist einfach die Frage, ob wir unsere oben beschriebene Blockierung lösen können und Zugang zu diesen Kenntnissen bekommen. Wenn wir zu einer Geschichte von Jesus diesen Zugang haben, dann sollten wir es nicht aufgeben, sie im Herzen zu bewegen, denn wenn wir *eine* solche Geschichte auf diese Weise verstanden haben, behaupte ich, haben wir alle Geschichten, die von Jesus erzählt wurden, verstanden.

Die folgende kleine Geschichte von Anthony de Mello kann und soll wie ein Koan wirken und uns den inneren Weg weisen, die Botschaft von Geschichten zu erfahren.

Es war einmal ein Mann, der erfand die Kunst des Feuermachens. Nachdem er es erfunden hatte, nahm er seine Werkzeuge und wanderte zu einem Stamm im Norden, wo die Menschen in den Bergen vor Kälte zitterten. Dort lehrte er sie Feuer zu machen. Er zeigte ihnen, wozu das Feuer alles gut sein kann, zum Kochen, um sich im Winter zu wärmen und anderes mehr. Sie waren begeisterte Schüler. Doch bevor sie dem Mann ihren Dank aussprechen konnten, zog er weiter an einen andern Ort. Ihm lag nicht an Anerkennung oder Dank. Ihm lag an ihrem Wohlergehen. Das war ein großer Mann. Großen Menschen ist es egal, ob man sich ihrer erinnert oder ihnen dankt. Er verschwand also und ging zu einem andern Stamm, dem er wieder-

um zeigte, wie nützlich die Kunst des Feuermachens ist. Auch die Menschen dieses Stammes waren begeistert und sein Ruhm wurde immer größer. Doch die Priester fürchteten ihr eigenes Ansehen könnte darunter leiden. Und so beschlossen sie, ihn beiseite zu schaffen und zu vergiften. Um das Volk nicht misstrauisch zu machen, ersannen sie eine List. Sie fertigten ein Bild des Mannes und stellten es auf den größten Altar des Tempels, die Werkzeuge zum Feuermachen davor. Das Volk wurde geheißen, das Bild zu verehren und sich vor dem Werkzeug zu verbeugen. Mit der Zeit entwickelten die Priester ein ganzes Ritual und eine Liturgie zur Verehrung der Werkzeuge und des großen Erfinders des Feuers. Verehrung und Kult dauerten fort. Jahrzehnt über Jahrzehnt, Jahrhundert über Jahrhundert.
Aber das Feuer gab es nicht mehr.

Anthony de Mello (1997)

Irgendeine Ähnlichkeit mit auf unserer Welt ansässigen Institutionen oder praktizierten Ritualen ist rein zufällig.

Außerdem ist zu erwähnen, dass dieser Anthony de Mello ein indischer Jesuitenpater war. Er ist leider schon sehr früh verstorben.

SECHS AUSFÜHRUNGEN
ZU BIBLISCHEN GESCHICHTEN UND TEXTEN

Kapitel 4

WENN DER KOPF DEM HERZ NICHT FOLGEN KANN

Die Geschichte der Frau des Manoah

(Viele Anregungen zu meinem Verständnis dieser Geschichte habe ich dem Buch »Unten an der Himmelsleiter« von Hildegunde Wöller entnommen.)

Anstecken mit Leben

Diese folgenden biblischen Geschichten und Texte wollen vor allem eines: uns anstecken mit Leben.

An jenem Tage

An jenem Tage, der kein Tag mehr ist,
vielleicht wird er sagen:
Was tretet ihr an mit euren Körben voller Verdienste,
die klein sind wie Haselnüsse und meistens hohl.
Was wollt ihr mit euren Taschen voller Tugenden,
zu denen ihr gekommen seid aus Mangel an Mut,
weil euch Gelegenheit fehlte oder durch fast perfekte Dressur.
Habe ich euch davon nicht befreit?

Wissen will ich:
Habt ihr die anderen angesteckt mit Leben?

Joachim Dachsel

Dieser Meister, Jesus aus Nazareth, hatte das erklärte Ziel, Menschen aus ihren Abhängigkeiten herauszuführen. Er wollte diesen Teufelskreis, dass Menschen, die von anderen abhängig sind, dann ihrerseits wieder andere von sich abhängig machen, durchbrechen. Er wollte dieses »Gesetz«, dass erlebte Abhängigkeit weitergegeben wird, aufheben und die Menschen daraus befreien. Er begann damit vor rund 2000 Jahren, soweit die christliche Zeitrechnung stimmt, und er will es bis heute. Jesus will uns befreien aus all dem, in das wir im Laufe unseres Heranwachsens in dieser Welt »eingewickelt« worden sind. Oft muss man zuerst in eine Krise kommen, beispielsweise krank werden, um zu bemerken, in welch unfreiem Zustand man ist, und fühlt sich erst dadurch aufgerufen, sich endlich zu »entwickeln«.

Gesund ist, wer noch krank werden kann

Es ist für uns ein großes Glück, noch richtig krank werden zu können und so gezwungen zu werden, anzuhalten und uns zu besinnen. Ich habe das einmal so formuliert: »Gesund ist, wer noch krank werden kann.« Es klingt paradox, aber ich meine damit die Erfahrung, dass wir in einer Krise zwar vieles fahren und fallen lassen müssen, aber dass wir dadurch auch etwas entdecken können, wonach wir vielleicht schon lange Jahre gesucht haben. Dieser Prozess ist oft furchtbar schmerzhaft. Er kann uns durch tiefe Hoffnungslosigkeit und Aussichtslosigkeit führen. Was Wunder, wenn wir dann einen Ausweg suchen und dank der modernen Medizin und ihrer ausgeklügelten Kunst der Symptombekämpfung oftmals auch rasch von lästigen Schmerzen und allen unangenehmen Empfindungen und Stimmungen befreit sind. Hauptsache, es tut nicht mehr weh! Das ist der Segen unserer modernen Medizin, unterstützt von der pharmazeutischen Industrie. Wir müssten aber bei unserer Suche nach Genesung auf Ärzte stoßen, die nicht nur möglichst schnell Schmerz und Leiden lindern und es dabei bewenden lassen, sondern die uns auch den Sinn unseres Krankseins eröffnen können und uns darin unterstützen, zu einer neuen, anderen Gesinnung zu finden. Es ist eben ein Unterschied, ob wir an fachlich gute Mediziner geraten oder an Ärzte, die eine Krankheit oder Krise auch in der Art ernst nehmen, dass sie uns etwas zu sagen hat und dass wir durch sie etwas für uns Entscheidendes entdecken können. Jede Krise ist, wenn wir ganz in sie hineingehen und auf ihren Boden, ihren Grund stoßen, zutiefst eine religiöse Krise. Aber die wenigsten wollen das wahrhaben.

Das steckt für mich in diesem Spruch: »Gesund ist, wer noch krank werden kann.«

Eine Geschichte in uns selbst

Die Frau des Manoah, Richter 13 (nacherzählt)

Da lebt ein Mann namens Manoah aus dem Stamm Dan zu einer Zeit, als es den Israeliten wieder einmal schlecht geht. 40 Jahre lang herrschen die Philister schon über das Land. Privat ist er auch nicht gerade vom Glück begünstigt, denn seine Frau bekommt keine Kinder.

Machen wir es uns hier nochmals bewusst: Diese Geschichte, die da erzählt wird mit Bildern und Vorgängen der äußeren Welt, spielt sich *in* uns ab. Alles, was da geschildert wird, ist *in* uns vorhanden. Und weil wir uns in unterschiedlichen Lebensabschnitten befinden und unsere Erfahrungen verschieden sind, werden wir durch diese Geschichte auch auf je andere Art und Weise angesprochen. Aber sie ist die Geschichte von jeder und jedem.

Eines Tages nun erscheint der Frau, als sie auf dem Felde ist, ein Engel und kündigt ihr an, sie werde nun doch einen Sohn gebären. Dieser Sohn werde ein Gottgeweihter sein und anfangen, Israel von den Philistern zu befreien. Schon während der Schwangerschaft solle sie sich dessen bewusst sein, dass sie ein heiliges Kind trage, keinen Alkohol trinken, auch sonst nichts Unreines essen.

Und ich füge etwas, das im Alten Testament nicht steht, noch hinzu: Sie sollte auch nicht rauchen. Dazu eine kleine wissenschaftliche Bemerkung: Man hat bei Frauen, die rauchen oder die Schwangerschaft in verrauchter Umgebung durchtragen müssen, festgestellt, dass erstens das Gewicht der Frucht, also des Kindes, geringer ist als bei Kindern, die ohne Rauch heranwachsen konnten, und dass zweitens Entwicklungsschwierigkeiten besonders um das zehnte Lebensjahr herum auftreten können, beispielsweise in Form von Merkschwäche oder der Unfähigkeit im Unterricht zu folgen. Das sind – den Untersuchungen zufolge – wahrscheinlich Spätfolgen der Rauchschädigung.

Erfüllt von dieser freudigen Botschaft läuft die Frau nun nach Hause und erzählt ihr erschütterndes Erlebnis ihrem Mann.

Tatsächlich ist es ein erschütterndes Erlebnis, wenn man jahrelang auf ein Kind wartet und sich danach sehnt und es kommt nicht. Ihr Mann fragt ganz intensiv nach. Wir können uns gewiss vorstellen, warum er das tut. Dem kommt das Ganze natürlich nicht ganz geheuer vor, nicht? Seine Frau kommt aufgeregt dahergelaufen und erzählt, auf dem Feld hätte sie einen Engel getroffen ... Und wenn man die Geschichte weiterspinnt und genau liest, könnte es zu folgendem Dialog gekommen sein:

Woher kam der Mann? Wie hieß er?«, so fragt ihr Mann bohrend. Und was sagt die Frau darauf in ihrer Art? »Danach hab ich nicht gefragt.«

Ist diese Antwort nicht unglaublich? Manoah meint bei sich wohl: Typisch Frau! Ein Engel! Es steht zwar nicht wortwörtlich so in der Bibel, aber so denken wir Männer wohl.

Also, er will die Sache doch selbst überprüfen und wendet sich im Gebet – man beachte: im Gebet! – an Gott und bittet, der Engel, wenn es denn einer gewesen sei, möge doch noch einmal kommen und ihn, den Ehemann, selbst darüber informieren, wie er sich bei dem angekündigten Sohn zu verhalten habe. Eigenwillig wie Engel sind, erscheint dieser Bote zwar wirklich noch einmal, aber wiederum nur, als die Frau allein auf dem Feld ist! Und nun – ganz geistesgegenwärtig – bittet die Frau den Engel, er möchte sich doch ein bisschen gedulden. Und sie rennt nach Hause, verständigt den Mann und sagt: »Der Mann ist wieder erschienen, der neulich zu mir kam.« – Jetzt sagt sie schon Mann. Und dann eilen beide zurück. Und der Engel hat tatsächlich auf sie gewartet. Der Ehemann stellt die Frage: »Bist du der Mann, der neulich mit meiner Frau geredet hat?« Und der Engel bestätigt es, wie Engel das so tun: »Ja, ich bin's.« »Wenn nun wirklich eintritt, was du gesagt hast, wie soll ich mich denn verhalten?« Der Engel erzählt ihm noch einmal mit einer ungeheuren Geduld, dass auch er während der Schwangerschaft seiner Frau nicht Alkohol trinken und auch nichts Unreines essen soll (und ich füge wieder dazu: auch nicht rauchen). Nun, Manoah ist noch nicht am Ende mit seinen Fragen und Zweifeln, das können wir uns gewiss vorstel-

len. Es ist auch etwas Aufregendes für einen Mann, vor einem Fremden mit einer solchen Botschaft zu stehen. »Wie heißt du? Und wo finden wir dich, wenn das Kind wirklich geboren wird, damit wir dich ehren können?«

Es scheint als habe er noch nicht so richtig begriffen, dass er es tatsächlich mit einem Engel zu tun hat.

Was fragst du nach meinem Namen?«, sagt darauf der Engel. »Er ist wunderbar.«

Also, der Gute will seine Identität nicht lüften. Es gibt ja solche Leute, Anonyme eben. Und es gibt offenbar solche auch unter den Engeln.

Und da greift der Mann zu einem anderen Mittel. Er weiß, was sich gehört, und sagt: »Bleib doch unser Gast. Ich möchte mit dir ein Lämmlein essen.« Doch meistens sind die Engel Vegetarier und so lehnt dieser Engel die Einladung ab. Das war für Manoah wohl eine etwas peinliche Situation, dass der Fremde nicht zum Essen dableiben wollte. »Du könntest aber Gott ein Opfer bringen, wie es ja seit jeher auch Brauch war, und auf einem Opferstein das Zicklein oder das Lämmlein schlachten.« Eilig bringt darauf Manoah ein Ziegenböcklein herbei, auch der Opferstein ist schnell gefunden. Er wird übrigens heute noch verehrt in dieser Gegend. Und als nun die Flamme über dem Brandopfer zum Himmel schlägt, steigt der Engel des Herrn in der Flamme des Altars in die Lüfte empor. Als Manoah und seine Frau das sehen, werfen sie sich auf die Erde, und dann ist von dem Fremden nichts mehr zu sehen. Und nun wird selbst Manoah klar, mit wem er's zu tun hatte. Aber statt sich zu freuen und endlich zu glauben, fällt ihm mit Entsetzen ein, was er gelernt hat in seiner religiösen Unterweisung: »Wer Gott sieht, der muss sterben.«

Das ist so, wie wir uns oft verhalten: Wenn sich bei uns etwas erfüllt hat, kriegen wir einen Schrecken.

Und er wendet sich schreckensbleich an seine Frau: »Wir müssen sterben.« Und nun, Gott sei Dank, hat die Frau dazu eine ganz andere Einstellung. Die sagt: »Weißt du, wenn uns Gott töten wollte, dann hätte er es anders gemacht. Er will uns ja etwas schenken. Er hat mir einen Sohn versprochen. Und Gott hätte doch auch das Opfer nicht angenommen. Und er hätte uns auch keinen Engel geschickt.«

Die Frau hat dann später einen ganz berühmten Sohn geboren, und zwar den Samson oder wie er manchmal auch heißt den Simson, der durch eine gewaltige Heldentat die Israeliten von der Macht der Philister befreite.

Zwei Seiten: Männliches und Weibliches

Das ist also die Geschichte, die sich da abspielt, dargestellt als Vorgang in unserer physisch fassbaren, äußeren Welt. Die Geschichte ist voller starker Bilder. Wenn wir sie als historische Geschichte belassen, bleibt die Frage, ob sie uns überhaupt etwas vermitteln kann. Oft wurden uns diese Geschichten so erzählt, und wir sollten sie einfach glauben. Sie ins Leben und in uns hinein zu übersetzen, ist nicht so einfach und braucht eine innere Anstrengung.

Schauen wir jetzt also in uns hinein: Was spielt sich in uns ab? Wer ist der Mann? Wer ist die Frau? Sind uns Reaktionen, wie sie hier geschildert werden, bekannt? Bedeuten sie etwas in unserem Leben?

Der Mann, beziehungsweise das, was die Person dieses Mannes darstellt, ist der Intellekt. Das ist das Diesseitige. Es ist die Fähigkeit, die wir mit unserer Ausstattung als Mensch, mit dem Gehirn bekommen haben, damit wir uns hier auf dieser Welt zurechtfinden können. Mit dem Intellekt oder anders gesagt, mit unserem Linkshirn können wir die Gesetzmäßigkeiten dieser Welt erfassen. Wir können klar, nüchtern Situationen erkennen und, wo nötig, die entsprechenden Entscheidungen treffen.

Die Frau entspricht dem anderen Hauptteil unseres Gehirns, dem Rechtshirn. Erinnern wir uns: In der Geschichte von der menschlichen Entwicklung, Genesis, im ersten Buch Mose ist von zwei großen Bäumen die Rede, vom Baum des Lebens und vom Baum der Erkenntnis von Gut und Böse. Diese beiden Bäume waren durch eine gemeinsame Wurzel miteinander verbunden. In unserem Gehirn gibt es diese Verbindung zwischen den beiden Seiten auch (pons). Nur scheint bei uns Menschen diese Verbindung unterbrochen zu sein.

Bekanntlich nahm Eva, obwohl sie gewarnt worden war, eine Frucht vom Baum der Erkenntnis von Gut und Böse und ließ auch Adam davon essen. Und bei uns Männern sieht man bis heute, was da mit uns passiert ist. Da ist uns nämlich etwas vom Apfel im Hals stecken geblieben. Wir nennen diese Stelle im Hals *Adamsapfel*. Diese Besonderheit der Anatomie ist also seit Adam vererbt!

Obwohl es botanisch unsicher ist, dass es im Paradies einen Apfelbaum gab, wird hier von einem Apfel gesprochen, den Eva Adam reichte. Ich kenne eine kleine, köstliche Geschichte, für die es unbedingt ein Apfel sein muss. Sie geht so: Ein Geistlicher hatte beim Religionsunterricht in Stuttgart den kleinen Kindern diese schreckliche Geschichte vom Sündenfall erzählt. Und dann hat er gesagt: »Sagt mal, warum hat sich Gott wegen eines Apfels so aufgeregt und die beiden aus dem Paradies vertrieben? Ist das nicht kleinlich?« Da hat sich ein kleines Mädchen gemeldet und gesagt: »Ja, vielleicht haben Gottens den einmachen wollen.« Ist das nicht herrlich? Da kann man sich ja wirklich aufregen, wenn zum Einmachen ein so schöner großer Apfel fehlt.

Kinder erleben das Geschehen in der Geschichte in ungestörter Verbindung zwischen Kopf und Herz. Sie erleben sich als ein Teil der Geschichte und entdecken dadurch deren unmittelbare Wirklichkeit.

Im Gleichgewicht sein

Aber nun zurück zu den Bäumen, denn sie sind ein Bild dafür, wie auch wir Menschen konstruiert sind. Die beiden Bäume stehen nicht je für sich da, sondern sind, wie eine jüdische Legende erzählt, durch eine große, gemeinsame Wurzel verbunden. Die Bäume zogen gemeinsam aus dem Boden, auf dem sie standen, die Kraft, die sie zum Wachsen und zur Entwicklung brauchten. Diese beiden Bäume waren das Symbol für Leben und Erkenntnis im Garten Eden. So wird uns mit diesem Bild gezeigt, dass Leben und Erkenntnis im Paradies miteinander verwurzelt und verbunden, im Gleichgewicht sind. Wie bereits erwähnt, heißt im Aramäischen, das auch die Sprache Jesu war, Gleichgewicht *dina*. *Dina* heißt Balance und Religion. Wo das Leben in Balance ist, wo diese beiden Seiten verbunden sind, erleben und leben wir Religion. Religiös sein bedeutet demnach ganz sein und zurückverbunden sein.

Wir sind ein Mikrokosmos im großen Kosmos

Es gibt nichts auf dieser Welt, das wir als die Krone der Schöpfung nicht in uns haben – auch wenn es uns manchmal nicht anzusehen ist, dass es so ist. All das also, was sich abspielt in unseren Milliarden Zellen, all das, was sich abspielt in unserem Kreislauf, in der Harmonie und in der Zusammenarbeit der Organe, ist auch draußen in der Welt, im Kosmos in dieser Weise vorhanden. Wir sind als Menschen der Mikrokosmos, der kleine Kosmos des großen Kosmos. Veranschaulichen wir uns das ein wenig: Unsere beiden Lungen sind eingestülpte Bäume. Wir brauchen von außen Sauerstoff. Ausgeatmet wird Kohlenstoff, den die Bäume wieder brauchen. In unseren harten Hirnschalen haben wir wohlgeschützt die beiden Hirnhälften. Sie entsprechen dem Bild dieser Bäume. Auch sie sind verbunden durch eine gemeinsame Wurzel. Links, im Linkshirn, sind, wie bereits gesagt, all die Fähigkeiten, um mit den Gesetzmäßigkeiten dieser Welt klarzukommen. Und in der rechten Hirnhälfte sind all die Märchen, all die Legenden, dort sind die Fabeln eingelagert, die wir jemals gehört haben, dort ist all das künstlerische Erleben, dort ist die Musik, dort ist die Malerei, dort ist die plastische Vorstellung, dort sind die ganzen künstlerischen Fähigkeiten verortet. Ob arm oder reich, ob alt oder jung, ob hässlich oder schön, in dieser Hinsicht haben wir alle die gleichen Gaben mit auf diese Welt bekommen. Es ist keiner benachteiligt. Die so quälenden Benachteiligungen auf dieser Welt haben wir Menschen erst geschaffen. Das Einzige, das fehlt und das uns so unglücklich macht, ist die Balance und die Harmonie dieser beiden Hirnhälften.

Die inneren Sinne aufwecken

In uns ist eine Sehnsucht, heimzukommen und anzukommen. In uns ist eine Sehnsucht, dass zwischen den beiden Seiten in uns eine Verbindung da ist, eine starke Wurzel, wie bei den beiden Bäumen in der Genesis. Vermutlich ist die Verbindung deswegen blockiert, weil in unserer Gesellschaft das Linkshirn derart überbetont wird. Dieser Meister aus Nazareth hat bei vielen Geschichten, die er erzählte, gesagt: Horcht! Passt auf! Hört hin! Er wollte uns wieder sehend machen. Und hörend und horchend, dass wir wieder dem Ganzen gehorchen. Er wollte, dass wir wieder fühlen lernen und dass wir wieder wahrnehmen können, was unsere wirkliche Natur ist.

Durch die Erzählung von der Frau des Manoah wird uns verdeutlicht, dass die Frau noch um Wunder weiß. Sie ist offen für eine Botschaft von Engeln. An ihrem Mann wird für uns das sichtbar, was in unserer Welt vorherrscht, nämlich das Misstrauen, das Genau-nachprüfen-Wollen, das Nicht-mehr-selbst-Spüren. Es muss alles schriftlich verfasst und aufgeschrieben sein. Es muss alles belegt und nachgewiesen sein. Nur dann überzeugt es uns, macht es Sinn, vom Intellekt her gesehen. Aber zu jedem unserer äußeren Sinne gibt es auch einen inneren Sinn. Wir reden doch auch vom inneren Auge, vom inneren Ohr. Das ist der rechtshirnige Sinn. Und dazu gilt es aufzuwachen, dass wir das Innere in uns, diese inneren Sinne spüren und hören und wahrnehmen. Und schmecken!

Wandlung und Reifung

Das Geheimnisvolle und Hoffnungsvolle an dieser kleinen biblischen Geschichte ist ja, dass in ihr eine Entwicklung stattfindet. Sie schildert facettenreich und humorvoll das Hin und Her zwischen Mann und Frau und wie sie einerseits initiativ handeln und dann wiederum nur reagieren. Doch am Ende gibt es so etwas wie ein Happyend. Trotz der großen Zweifel und Ängste kommen die beiden auf die innigstmögliche Art als Mann und Frau zusammen. Und der Sohn, der die Befreiung bringt, wird geboren. Die beiden sind aneinander und miteinander gereift und haben sich so zu diesem gemeinsamen Tun entschieden. Können wir solche Schritte der Reifung in uns wahrnehmen? Erleben wir, wie ein solcher Reifungsprozess sich in uns abspielt? Wir werden uns immer wieder auseinander setzen müssen mit den Ängsten, Zweifeln, mit den Verdächtigungen, mit dem Unglauben, die vom Linkshirn her kommen. Wir werden zur Kenntnis nehmen müssen, dass wir immer wieder alles bewiesen haben möchten und vorher etwas einfach nicht annehmen können, weil uns das Instrument dazu fehlt. Wir haben diese Verbindung zum Rechtshirn nicht so, dass wir uns selbstverständlich und natürlich seiner Kräfte bedienen können. Als wir Kinder waren, da war diese Verbindung noch da. Wir konnten Märchen genießen und Fabeln, in Liedern und Tänzen ganz aufgehen, unbelastet von all dem, was uns dann an Programmen, die lebenswidrig sind, beigebracht worden ist – und die wir unseren Kindern wieder beibringen ...

Es müsste in uns zu so etwas wie einer Heirat, einer Ehe von Links- und Rechtshirn kommen können. Sie müssten sich im wahrsten Sinne dieses Wortes grün werden, diese zwei Prinzipien, und aufhören, miteinander im Widerstreit zu liegen. Wenn sie sich ständig bekriegen, wird aus dieser Ehe nichts. Wir müssten der empfänglichen-intuitiven Seite in uns, symbolisiert durch die Frau in der Geschichte, mehr zutrauen und lernen, unseren Gefühlen und Bedürfnissen zu trauen. Wie die Frau dem Engel traut. Es wird nicht deutlich, ob sie wirklich erkannt hat, wer das ist, der ihr diese Botschaft bringt und diese Auflagen macht. Die ganze Sache war auch ihr, nicht nur dem Mann unvertraut. Das macht Mut, sich selbst auf das Neue einzulassen, mit Zweifeln, mit Angst vor dem vielleicht noch so Fremden.

Der Vogel, der in der Früh singt ...

Ich hatte einen Bruder, der konnte sich unbändig freuen. Bei mir war das anders. Da hatte ein Sprichwort, das ich gehört hatte, eine nachhaltige Wirkung auf mich gehabt. Es war wie eine Programmierung: »Der Vogel, der in der Früh singt, den frisst am Abend die Katze.« Statt mich also ungeheuer zu freuen und zu wissen, das darf ich, ja ich kann sogar auch einmal über die Stränge schlagen mit allem, was dann dadurch auch auf mich zukommt, habe ich mich gebremst. Damit es dann nicht so schlimm wird – so dachte ich –, wenn am Ende die Katze kommt und mich fressen will. Dabei dürfen wir uns doch das Leben nehmen, und zwar mit beiden Händen. Wir spüren sofort, wie negativ dieser Ausdruck »sich das Leben nehmen« geprägt ist. Wir erschrecken. Und denken daran, dass sich da jemand den Tod gibt, statt daran, dass man sich von der Fülle des Lebens nehmen und nach dem Reichtum des Lebens greifen darf. Die Frau sagt in unserer Geschichte zum Mann etwa so: Menschenskind, versteh doch, jahrzehntelang warten wir nun auf einen Sohn. Und damit auf Erfüllung und Erfülltsein. Und das meint für uns: Denkt doch an all das, was ihr euch ersehnt und innigst erbeten habt und was ihr euch so gewünscht habt. Und dann kommt da einer und macht mit seinen Bedenken und Fragen und Zweifeln und Ängsten alles mies. Das sind Stimmen in uns, Anteile von uns, die da miteinander nicht klarkommen. Wie erleben wir das? Und wie machen wir es oder wie geschieht es in uns, dass diese Stimmen nicht miteinander in einen Clinch kommen, sondern in eine Verbindung, die weiterführt? Wie erleben wir, dass das Leben ein wunderbares Geschenk ist?

Wie oft meinen wir, wir müssten das Leben verdienen, dabei haben wir es doch bereits! Gerade so, wie wir sind, so wunderbar gestaltet, haben wir das Leben bereits verdient.

Wir müssten es nur leben können! Aber was tun wir? Wir rackern uns ab, um etwas zu erreichen oder Erfüllung zu finden. Wir wollen, wir können nicht glauben, dass wir liebenswert sind und geliebt werden, einfach weil wir auf der Erde sind. Wir meinen, wir müssten wer weiß was anstellen, um einigermaßen Anerkennung zu bekommen. Ich bin so einer, der sich abgerackert hat, schon als kleiner Junge. Ich musste doch als Erstgeborener meinem sehr lustigen, zwei Jahre jüngeren Bruder Vorbild sein! Ich musste also immer die besten Noten heimbringen. Dann lobten meine Eltern mich. Und auch die Großeltern lobten mich. Das war mein ganzes Ziel. Und das war auch meine ganze Nahrung. Bis mich eine Krankheit aus diesem ganzen unsinnigen Rennen herausschleuderte und ich auch meine Dreier, Vierer und Fünfer schrieb. Wer fragt heute denn noch nach unseren Schulnoten von damals? Aber denkt doch einmal an die Ängste, die da durchzustehen waren. Und an die Mädchen und Jungen heute, die sich umbringen, weil sie ihr Zeugnis nicht heimbringen können. Das ist doch absurd! Die müssten doch spüren dürfen: »Du, ganz gleich, wie das Zeugnis aussieht, ich mag dich. Wir lieben dich.« Und wir müssen das einander sagen. Wir müssen es hören können.

Bereitschaft und Offenheit aufzubringen ist unerlässlich

Manoah, der mit seinem Intellekt alles klarstellen und richtig machen will, verhindert gerade damit, dass das Andere, das seine Frau erlebt hat, zum Zuge kommen kann. Die Frau ist ja nach dem Empfang der Verheißung zu ihm nach Hause gelaufen. Sie war aufgewühlt, erschüttert, bewegt. Sie muss es der Wirklichkeit, in der sie lebt, erzählen, dass sich das, wonach sie sich so lange gesehnt hat, erfüllt. Aber diese Wirklichkeit versteht nicht. Welche Erfahrungen haben *wir* damit? Wo hat sich das *in uns* schon so abgespielt? Passiert es nicht täglich, dass wir Wunder nicht zulassen, sie sogar kaputtmachen? Wie schnell sind wir dabei, uns selbst am Leben zu hindern oder ein Lebendigwerden von uns zu verhindern. Es kommt nun darauf an, dass uns das bewusst wird.

Der Frau gelingt es wirklich, den Mann aus der Reserve, aus der Starrheit herauszulocken. Wo und wie werden wir aus unserem starren Programmiertsein herausgeholt? Ist uns nicht allzu vertraut, dass wir uns einsetzen, damit sich etwas erfüllt, und dann sind da aber Kräfte vorhanden, die sich alle bündeln, um das zu verhindern? Die Geschichte spitzt sich auf diese Weise zu. Manoah gerät angesichts der Erfahrung von Gottes Nähe, verkörpert im Engel, dem fremden Mann, in Todesangst: »Wer Gott sieht, muss sterben.« Da hat er ein bisschen etwas gesehen von dem, was die Frau erlebt und in sich vertrauensvoll aufgenommen hat. Ein bisschen hat er das mitgekriegt! Und schon erschreckt ihn das derart, dass er meint, jetzt sei es um alles geschehen. Jetzt müsse er bzw. beide sterben. Zum Glück ist da eine in sich starke Frau, die ihm aus ihrem eigenen Erleben heraus entgegnen kann: »Aber dann hätte Gott uns doch keinen Engel geschickt, der mir sagt, ich bekomme einen Sohn.«

Diese beiden Haltungen, die diese Geschichte ausmachen, müssen in uns in eine Balance kommen. Dann wird unser Leben auf ganz neue Weise fruchtbar. Die Voraussetzung ist, dass wir dazu innerlich bereit sind.

Wie viele Menschen wünschen sich ein Kind. Und aus der Not geboren, adoptieren sie dann ein Kind. Sie haben sich vorher so richtig ins Zeug gelegt und sich ungeheuer angestrengt, um ein Kind zeugen zu können. Und vieles an Lebenslust und Liebeslust ist diesem Anliegen geopfert worden. Vielleicht über Jahre. Und dann geben sie auf. Und sie adoptieren ein Kind. Die Spannung lässt nach. Ihr Umgang miteinander bekommt wieder Spontaneität und etwas Absichtsloses, ja Spielerisches vielleicht. Und eine Schwangerschaft stellt sich ein.

Die Einstellung ändern

Von Anthony de Mello, dem indischen Jesuitenpater, stammt die Geschichte eines Wanderers.

> *Ein Wanderer stößt auf einen anderen Wanderer, einen Mönch. Als sie ihren Proviant auspacken, entdeckt dieser Wanderer unter den Sachen des Mönchs einen großen Stein. Es war nicht zu übersehen, dass es sich um einen Edelstein handelte. Der Wanderer sagt zum Mönch: »Gibst du mir den?« »Ja, wenn er dir gefällt, kannst du ihn gerne haben.« Und der Wanderer nimmt den Stein an sich und haut, so schnell er kann, ab, denn er hat erkannt: Wenn ich diesen Edelstein umsetze, habe ich keine Sorgen mehr in diesem Leben. Nach ein paar Tagen kommt er zurück, sucht den Mönch und sagt: »Du kannst den Stein wieder haben. Weißt du, was ich von dir möchte? – Ich möchte deine Einstellung haben. Auf der einen Seite weißt du, wie ungeheuer wertvoll der Stein hier im Irdischen ist. Doch du hast eine ganz andere Haltung. Mit einer ungeheuren Ruhe hast du zu mir gesagt: Ja, nimm ihn, wenn er dir gefällt.«*
>
> *Anthony de Mello*

Sein Intellekt hatte dem Wanderer befohlen, möglichst schnell wegzulaufen, nachdem er den Stein bekommen hatte, bevor der Mönch es sich anders überlegte. Aber offenbar hat ihn die Einstellung des Mönchs zum Diesseitigen nachhaltig beeindruckt, sozusagen eingeholt und zurückgehen lassen. Seine Einstellung hat ihn angesteckt. Die Frau ihn ihm, die weibliche Seite, wurde wach. Sein Rechtshirn konnte sich regen und ihn bewegen.

Namenlos, bedeutungslos

Auffälligerweise hat die Frau in unserer biblischen Geschichte überhaupt keinen Namen. Einen Namen zu haben, ist aber in der biblisch-jüdischen Welt wichtig. Ein Name war nicht etwas Zufälliges. Mit dem Namen wurde etwas über das Wesen eines Menschen oder über seine Bedeutung oder die in ihn gesetzte Hoffnung ausgesagt. Wenn die Frau nun keinen Namen hat, sondern als Frau des Manoah bezeichnet wird, bedeutet das, dass sie ihm untertan ist. Übersetzt heißt das, dass im Laufe der Zeit das Diesseitige, das Intellektuelle vorherrschend wurde. Das, was wir vom Jenseitigen empfangen können, wozu das Rechtshirn da ist, spielt nicht mit herein. Das Jenseitige wie der Engel, die empfangenen Verheißungen und die tiefen Sehnsüchte haben im normalen Leben untergeordnete Bedeutung. Ja, vielleicht noch mehr: Sie stören.

Die große Störung

Dostojewski schildert in seinem Roman »Die Brüder Karamasoff« diese Störung auf unübertreffliche Weise. Im Kapitel »Der Großinquisitor« erzählt er, wie um 1600, als die Inquisition in Spanien besonders aktiv war, Jesus wieder kam.

In Sevilla führte der greise, 91-jährige Großinquisitor das Regiment. Die Scheiterhaufen brannten. Und Jesus tat, als er wieder zurückgekommen war, nichts anderes, als was er immer getan hatte. Er erzählte Geschichten. Menschen wurden gesund und lebendig und folgten ihm nach. Da stoppte ihn der Großinquisitor. Und um die Geschichte kurz zu machen, sagte er zu Jesus: Sag mal, hast du nicht gemerkt, dass die Menschen die Freiheit, die du ihnen geben willst, überhaupt nicht vertragen? Die können überhaupt nicht damit umgehen! Wir dagegen haben ein System entwickelt, das sie mögen. Und da gibt es auch Zeiten wie etwa den Karneval – das wird zwar im Roman nicht ausdrücklich so gesagt –, da erlauben wir ihnen zu sündigen. Und wir vergeben ihnen dann wieder. Und sie sind alle happy. Und jetzt kommst du und bringst sie alle durcheinander. Wenn du nicht aufhörst mit deinem Tun und wieder in deine Nische gehst, die wir für dich geschaffen haben, wirst du morgen hier brennen. Alle nämlich sind froh, dich in dieser Nische zu haben! Morgen wird sonst das Folgende passieren: Diejenigen, die Hosianna und Halleluja gerufen haben, die werden noch Brennmaterial beitragen, um dich besser brennen zu sehen.

Das ist eine wahre Geschichte. Es ist unsere Geschichte. Sie erzählt, was wir mit uns machen, wenn das Neue, das Andere, wie es dieser Jesus aus Nazareth verkörperte, sich regt und sich einmischt.

Kein Stein wird auf dem andern bleiben

Dieser Jesus machte kein Hehl daraus, wie schwierig es ist, ihm nachzufolgen, und das heißt, diesem Jenseitigen in uns, dem Reich Gottes, wie er es immer wieder nannte, oder dem Reich der Himmel auf der Spur zu bleiben. Er wusste, dass das einem Umsturz gleichkam, einer Revolution. Man sagt doch zuweilen, »ein feste Burg ist unser Trott«. All der Ballast, der sich in uns angesammelt hat und mit dem wir befrachtet worden sind, hält fest zusammen. Es ist wie ein Bollwerk, gebaut aus all den Verhaltensweisen und Überzeugungen, die uns am Leben hindern. Als Jesus mit seinen Jüngern, seiner Anhängerschaft, in Jerusalem war, gingen sie zum Tempel, also zum Heiligtum. Und Jesus sagte: »Seht euch dieses Bauwerk an. Ich sage euch, kein Stein wird davon auf dem andern bleiben.« Und er meinte damit nicht wie ein Hellseher die dann später erfolgte Zerstörung des Tempels. Nein. Es ging um etwas ganz anderes. Er meinte damit diese Steine *in uns*, dieses Bollwerk von Abwehr, diese Verhinderung des lebendigen Erlebens.

Das muss in uns fallen, damit das Neue Platz findet.

»Der Mensch ist des Menschen Arzenei«

In unserer Sehnsucht wissen wir schon immer von diesem neuen, anderen Leben. Und in uns lebt auch der innige Wunsch, es Wirklichkeit werden zu lassen. Wie die Frau des Manoah in sich diesen innigen Wunsch nach einem Kind hatte. Aber der Alltag mit seinen Gepflogenheiten, Ansprüchen und Gesetzmäßigkeiten holt uns immer wieder ein. Und es ist schwer, sich nicht davon gefangen nehmen zu lassen.

Ich will dazu eine kleine Begebenheit erzählen. 1969 habe ich Marion, die spätere Mitbegründerin von EA (Emotions anonymous) in St. Paul, Minneapolis, Minnesota, kennen gelernt. Sie ist 12 Jahre älter als ich und war damals trotz ihrer schweren Erkrankung ganz munter. Ihr Mann war bereits 90. Und dieser, Ted mit Namen, hat mir erzählt, dass er, als er Marion geheiratet hatte, sah, wie sie eines Tages ein Roastbeef zum Braten vorbereitete und vorne und hinten eine Scheibe vom Fleischstück abschnitt. Da sagte er zu ihr: »Marion, was tust du da? Das sind die besten Stücke, diese Anschnitte.« Darauf sagte sie: »Das wird so gemacht.« »Aber das gibt's doch gar nicht.« Und er rief die Schwiegermutter an und sagte: »Du, Schwiegermutter, Marion macht gerade Roastbeef. Und sie schneidet vorne eine Scheibe ab und hinten eine Scheibe. Das ist doch unmöglich.« Da sagte die: »Nein, das ist schon richtig. Das wurde in unserer Familie immer so gemacht. Das macht man so.« »Also«, so dachte er bei sich, »das gibt's doch wirklich nicht.« Er rief daraufhin die Großmutter an: »Großmutter, deine Enkelin Marion bereitet gerade ein Roastbeef zu. Vorne hat sie eine Scheibe abgeschnitten. Und hinten. Wieso das denn?« Die Großmutter sagte: »Ja, das wurde in unserer Familie immer so gemacht. Das machte man damals so. Unsere Bratform war zu klein.«

Ist das nicht zum Lachen, wenn es nicht zum Weinen wäre, dass wir so leben? Eigentlich ist das Geschilderte ja harmlos, wenn es nicht so eine Kraft hätte, einen zu hindern, sich vorbehaltlos dem Leben hinzugeben. Überlegen wir uns einmal, nach wie vielen Formeln, Konditionierungen, Programmierungen, Konzepten, Philosophien jeder und jede von uns lebt, ohne jemals nachgeprüft zu haben, ob sie für unser Leben heute immer noch gelten. Und es gehört ganz großer Mut dazu, ja es ist fast Blasphemie, eine Schändung, wenn man diese überkommenen Anschauungen und Traditionen bricht, durchbricht und zerbricht. Dafür kann man auf dem Scheiterhaufen landen, wie die Geschichte von Dostojewski das schildert. Das bedarf großer Entschlossenheit. Weil all das missverstanden werden kann, zitiere ich Brecht immer wieder gerne: Wir kommen vom Rockzipfel der Mutter nur los durch einen Akt von Pietätlosigkeit. Wie erlangen wir diesen Mut? Wie gelingt es uns, keine falschen Rücksichten zu nehmen und dranzubleiben an dem, was in uns wach geworden ist? Bei der Frau des Manoah war es die Botschaft des Engels in der Gestalt eines Mannes, der sie auf dem Feld, mitten in ihrem Alltag, ansprach. Im afrikanischen Stamm der Wolof im Senegal gibt es das schöne Sprichwort »Nit, nit ay garabam«, was übersetzt heißt »Der Mensch ist des Menschen Arzenei«. Vielleicht haben wir das schon erlebt, wie tatsächlich ein anderer Mensch uns Medizin, Balsam sein kann. Ein anderer Mensch, den wir vielleicht vorher nicht einmal näher gekannt haben, kann uns durch sein Erleben plötzlich Hoffnung geben, dass sich das, was wir einfach nicht fassen und glauben können, verwirklichen lässt. Das sind Menschen, die Ähnliches schon erlebt haben und ein Stück weiter sind als wir. Von ihnen können wir lernen, wie wir mehr vom Leben haben können als bis jetzt. Das ist das Wesentliche, was auch in den so genannten Selbsthilfegruppen des 12-Stufen-(Schritte-)Programms geschehen kann. Man braucht nicht Medizin studiert zu haben oder Psychotherapeut sein, um einem anderen die entscheidende Medizin zu sein. Psychotherapie ist ein Kunstprodukt und ein künstlicher Beruf. Wir können das alle. Jede und jeder kann Menschen anrühren und auf ihrem Weg begleiten, wenn sie oder er in sich selbst wach geworden ist. Von Philipp Aureolus Theophrast Bombast von Hohenheim, genannt Paracelsus (1493–1541), ist das oben zitierte Senegalesische Sprichwort wie folgt zu ergänzen: »Und der Arzeneien höchste ist die Liebe.«

Missverständnisse, die das neue Leben bringt

Eine Begebenheit aus der Bad Herrenalber Klinikzeit soll zeigen, wie schwierig es sein kann, mit dem neuen Erleben in die alten Verhältnisse zurückzukehren und sie ganz aus sich selbst heraus neu zu gestalten. Bevor man recht zurückgekehrt ist, kommt es bereits zu Missverständnissen.

Die Ehefrau eines Arbeiters aus dem Ruhrpott schrieb an ihre Versicherung, sie hätte ihren Mann normal in unsere Klinik in Bad Herrenalb zur Kur geschickt und er sei völlig verrückt zurückgekommen. Er sagte, es müsste daheim alles anders werden. Und diese dauernden Besuche am Wochenende bei den Schwiegereltern würden jetzt eingestellt. Da werde jetzt etwas anderes gemacht an den Wochenenden und seltener zu den Schwiegereltern gefahren. Außerdem wollte er das Fahrrad abschaffen und sich ein Auto kaufen. Leider ist es uns während des Aufenthalts ihres Mannes in der Klinik nicht gelungen, die Ehefrau auch in diesen Prozess der Genesung hereinzuholen. Und wir mussten ihr deshalb jetzt erklären, dass ihr Mann im Grunde in einen *gesunden* Zustand hineingeraten ist, und er könnte es eben noch nicht so geschickt anstellen, dieses neue Erleben so zu vermitteln, dass es für sie nachvollziehbar wird.

Das neue Erleben hüten

Die gefundene Spur oder Fährte braucht unsere Aufmerksamkeit. Das Neue braucht auf eine Art auch unsere Pflege. Ich habe immer wieder einmal empfohlen, dass wir jeden Tag Goldplättchen sammeln sollen. Gold ist ja dieser wertvolle Stoff, von dem man glaubt, man hat fürs Leben ausgesorgt, wenn man genügend davon hat. Auf diese Idee bin ich wohl deshalb gekommen, weil ich Gelegenheit hatte, einige Zeit im so genannten wilden Westen in den USA zu leben, und da habe ich mir auch ein Goldmuseum angesehen. Es wurde dort gezeigt, auf welche Art und Weise Gold vorkommt. Und da musste ich sehen, dass meine Vorstellungen aus all den Goldgräbergeschichten, die ich als Junge gelesen habe, nicht stimmten. Gold kommt nicht einfach so in Klumpen oder in Nuggets in Daumenkuppengröße vor. Gold sieht vielmehr so aus wie Quarz oder Glimmer. Und man muss genau hinschauen. Man muss Augen dafür bekommen, wenn man den Sand wäscht im Bach. Das Gold kommt durch das Waschen in ganz kleinen Teilchen zum Vorschein, die man dann mit der Fingerspitze aus dem Sand herausholen muss und so eins nach dem andern sammelt. Die Erwartungen, dass beim Graben vielleicht doch Klumpen herauskommen, die haben sich selten erfüllt. Dieser Erkenntnis entsprechend habe ich empfohlen, ab dem ersten Erwachen am Morgen bewusst wahrzunehmen, was mir heute, an diesem einen Tag, alles geschenkt wird, was mir alles gelingt, was mich belebt und lebendig macht. Und das ist oft ganz unscheinbar und »gewöhnlich«, sodass ich es glatt übersehen könnte, eben wie diese kleinsten Goldteilchen oder Goldplättchen im Sand. Ich muss ein Auge, ein Ohr, ein Gespür dafür entwickeln. Und das fängt zum Beispiel damit an, dass ich mir bewusst mache, dass ich am Morgen all das, was sich im Laufe der Nacht im Körper angesammelt hat, loslassen kann. Oder wie Duschen belebt, nämlich durch das köstliche Nass, das auf unserer Haut prickelt. Oder wie ich selber aus dem Spiegel schaue. Bin ich mir selber willkommen? Begrüßt mich der Tag? Es gibt noch viele Beispiele. Damit wir all das nicht vergessen, was uns wohl bekommt, trotz all dem andern, das auch da ist, ist es gut, alles in ein kleines Büchlein zu schreiben, das wir mit uns herumtragen und so immer zur Hand haben. Und wir können es hervornehmen, wenn wir meinen, dass uns all das neue Erleben abhanden gekommen ist und alles wieder beim Alten ist. Wir können uns vor Augen halten, was wir an »Goldplättchen« allein in einem Tag sammeln konnten. Und wir werden erleben, wie reich das Leben ist – voller *Geschenke*.

Das ist nur ein kleines Beispiel dafür, dass es an uns liegt und unseren Einsatz braucht, um dem neuen Erleben auf der Spur zu bleiben.

Kapitel 5

IN LIEBE LOSLASSEN

Die Geschichte der syrophönizischen Frau

Ich meine es ja nur gut mit dir

Das Gegenteil von gut ist nicht, wie wir meist schnell sagen, böse, sondern *gut gemeint*. In dieser biblischen Erzählung meint es eine Mutter nur zu gut mit ihrer Tochter. Und es kommt überhaupt nicht *gut* heraus. Die natürliche Beziehung zwischen Mutter und Tochter hatte vermutlich nicht die Wandlung erfahren, die notwendig ist, damit die Tochter gesund erwachsen werden kann. Die Tochter konnte der umklammernden Liebe der Mutter wohl nur entkommen, indem mit ihr selbst kein Auskommen mehr möglich war: Sie bot das Bild einer schweren, geistigen Störung. Sie wurde von der Mutter – unbewusst im besten Glauben – missbraucht. Die Mutter ließ nicht los.

Jesus wusste, wenn die Mutter sich in ihrer Einstellung gegenüber der Tochter ändert, wird deren Auftreten ganz anders sein. Wir werden das zu beachten haben, wenn wir uns der Geschichte im Einzelnen zuwenden und Jesus sich gegenüber der Hilfe suchenden Frau bemerkenswert schroff verhält. Doch vorerst wollen wir an einer Begebenheit aus der Klinik in Bad Herrenalb anschaulich machen, dass tatsächlich ein Wandel oder eine andere Einstellung bei einem Menschen eine völlig unerwartete und vom Betroffenen manchmal gar nicht wahrgenommene oder auch nicht begriffene Wirkung auf die Umgebung haben kann.

In einer Gruppe erzählte eine junge Frau von ihrer Angst, wie es jetzt dann sein werde, wenn sie nach Hause zurückkehre und ihrer Mutter wieder in die Augen schauen müsse, die während ihres Klinikaufenthalts nach ihren Kindern geschaut hat. Geht alles einfach wieder so weiter, wie es war, und all das Neue fällt wieder in sich zusammen? Wenige Tage nach ihrer Entlassung aus der Klinik kam eine Postkarte, auf der stand: »Ich weiß nicht was los war. Es sieht so aus, als wäre meine Mutter auch in Psychotherapie gewesen. Sie ist völlig verändert.«

Nein, so war das sicher nicht. Die Mutter war nicht verändert, sondern sie, die junge Frau, sah es anders und verhielt sich anders. Und das bringt dann die Veränderung. Die ja offenbar – wenn auch von der Frau unverstanden – beglückend aufgenommen worden ist.

Wir können fast nicht aufwachsen, ohne ein Stück weit auf irgendeine Form missbraucht zu werden, auf den verschiedensten Gebieten. Es ist Missbrauch, wenn wir eingeschränkt werden in der Entwicklung dessen, was im Innersten spürbar ist und was sich in uns ausbilden möchte und zu dem wir uns ausbilden möchten, nämlich ganz Mensch zu werden. Uns ist sehr vieles aufgedrängt oder angeklebt worden, was von unserem Wesen und von unserem Innersten her für uns unbrauchbar ist. Wir haben nicht von allem Anfang an die Kraft und die Möglichkeit, uns dagegen zu wehren. Wir waren zu sehr abhängig von denen, die wir in unserer Bedürftigkeit zum Überleben brauchten. Das Schlimme ist, dass wir dann oft, ohne es zu wissen und ohne es zu wollen, das Erfahrene weitergeben und andere missbrauchen. Das Gegenteil von gut ist tatsächlich nicht, wie schon zu Beginn gesagt, böse, sondern gut gemeint! Dieses Gutmeinen ist vielfach der tiefere Grund, dass es zu Missbrauch kommt. Die Geschichte dieser Mutter-Tochter-Beziehung, um die es im Folgenden geht, ist so gesehen eben auch eine Geschichte des Missbrauchs.

Wir schulden dem Leben unsere Antwort

Ich huldige ja der Ansicht, dass wir uns, jede und jeder, unsere Eltern ausgesucht haben. Wir wussten also nach dieser meiner Überzeugung, dass wir auf die Erde kommen wollten. Und ich habe damals in der Klinik in Bad Herrenalb vor allem von unseren jungen Gästen großartige Geschichten darüber gehört, wie sie sich vorstellten und was sie fabulierten, was vor der Geburt war und wie sie ihre Eltern entdeckten. Wir nannten übrigens diejenigen, die in einer Lebenskrise zu uns kamen, Gäste und nicht Patienten. Sie sollten nicht *patiens* sein, also geduldig erleiden, was wir Therapeuten und Ärzte so für sie ausgedacht hatten, wie sie vielleicht meinen konnten. Aber führen wir den Gedanken weiter, dass wir auf die Erde kommen *wollten*. Wir haben alles darangesetzt und es schließlich auch irgendwie fertig gebracht, dass diejenigen, die unsere Eltern sein sollten, sich zu diesem unfassbaren Schritt entschlossen, das Nötige zu tun, damit wir dann geboren werden konnten. Wir wurden, mit einem Ausdruck aus dem futuristischen Film »Enterprise«, aus dieser anderen Welt, mit dem Raumanzug, den wir für unsere Lebensreise brauchen, hierher auf diese Welt »gebeamt«. Ich habe immer wieder viel Widerstand, Ärger und Wut ausgelöst mit dieser meiner Ansicht, dass wir genau *die* Eltern, *den* Vater, *die* Mutter haben, die wir gewollt und uns ausgesucht haben, und dann eben auch in dieser Familie aufwachsen. Diese Ansicht hat Konsequenzen, wie wir mit dem, was wir erlebt und durchgemacht haben, umgehen und wie wir im Speziellen dann darangehen, eine Lebenskrise zu meistern. Viele von unseren Gästen in der Klinik kamen meist mit einer langen Liste von Vorwürfen und Anschuldigungen gegen Vater und Mutter, die gewissermaßen schuld an ihrer gegenwärtigen Situation sein sollten. In einer Krise aber wird von uns verlangt, auf eine neue Weise verantwortlich zu werden gegenüber dem Leben, wie es für uns ist, und für das, was wir tun und anstellen, die Verantwortung zu übernehmen. Nur dann haben wir die Chance, dass sich etwas ändern oder wandeln kann. Im Wort *Verantwortung* steckt das Wort *Antwort*. Wir können es darum auch so sagen: Wir sind aufgerufen, unsere ganz eigene Antwort zu finden und zu geben auf den Anruf des Lebens. Und damit tun wir uns oft schwer, vor allem eben, wenn es nicht mehr so weitergeht, wie wir es uns dachten.

Die Geschichte der Syrophönizierin

Markus-Evangelium 7,24–30

Die Geschichte dieser syrophönizischen Frau umfasst wenige Zeilen. Aber darin ist fast eine unendliche Geschichte erzählt von menschlicher Gewaltanwendung, von Lebenslüge und Lebensangst. Und eben von Missbrauch. Sie ist auch deshalb gerade heute aktuell, weil sie auch eine Geschichte vom Ausländersein ist, vom Fremdsein und vom Erleben, nicht dazuzugehören.

Die Übersetzung, die hier verwendet wird, hat eine eigenwillige Sprache. Sie stammt von Fridolin Stier, von dem auch sehr schöne Tagebücher veröffentlicht worden sind. Diese vom Duktus der deutschen Sprache her gesehen holprige Übersetzung soll uns auch daran erinnern, dass wir, wie wir es auch wenden und drehen, diese Geschichten nicht mit unserem Verstand erfassen und begreifen können. Es gilt, sich immer wieder bewusst zu machen, dass es da diese andere Sprache zu finden gilt, die ihre Quelle hat in all den Bildern in uns, die der Traumwelt und dem Unbewussten entstammen.

Und er (Jesus) stand auf und zog von dort weg in das Gebiet von Tyrus. Und als er in ein Haus gekommen war, wollte er es niemand erfahren lassen. Doch konnte es nicht verborgen bleiben – nein, gleich hörte eine Frau von ihm, deren Töchterlein einen unreinen Geist hatte. Sie kam und fiel ihm zu Füßen. Die Frau aber war eine Griechin, der Abstammung nach Syrophönizierin. Und sie bat ihn, dass er den Abergeist aus ihrer Tochter austreibe. Er sagte zu ihr: Lass erst die Kinder satt werden! Es ist ja nicht recht, das Brot den Kindern wegzunehmen und den Hündlein hinzuwerfen. Sie aber entgegnete ihm und sagte: Ja doch, Herr! Auch die Hündlein unter dem Tisch essen von den Bröseln der Kinder. Da sprach er zu ihr: Um dieses Wortes willen, geh – schon ausgefahren ist der Abergeist aus deiner Tochter. Und weg ging sie, nach Hause, fand das Kind auf die Liege gestreckt, den Abergeist schon ausgefahren.

Mit dem Leben nicht mehr zurechtkommen

Es handelt sich hier um eine der vielen Wundergeschichten. Sehr oft sehnen wir uns ja auch nach Wundern in unserem Leben. Oder wir hoffen auf ein Wunder für jemanden, den wir sehr lieb haben und um den wir uns Sorgen machen, ja Kümmernis haben. Und diese Wunder, so möchte ich behaupten, geschehen, wenn wir in unser Leben hineinschauen und genau hinfühlen und hinhören. Sie geschehen immer wieder.

Diese Geschichte ist vor rund 2000 Jahren erzählt worden. Eine Frau macht sich starke Sorgen um ihre Tochter, die unter einem Abergeist leidet, einem Dämon, der in sie hineingefahren war. Sie weiß nicht mehr ein und aus. Man kann sich die Qual vorstellen, unter der diese Frau leidet. Und die Sorgen, die sie sich um die Gesundheit ihrer Tochter macht. Ich denke, jeder von uns kennt sicher solche Zustände, solche Empfindungen, wo wir einfach überfordert sind, weil wir es nicht fassen können, dass ein solches Schicksal einen Angehörigen oder einen anderen Menschen, den wir sehr lieben, getroffen hat. Wir kommen mit unserem eigenen Leben nicht mehr zurecht.

Die Antwort ist in uns

Diese Instanz Jesus, um die es in dieser Geschichte geht und um die sich so viel dreht, gibt es in jedem von uns. So wie diese Frau nach dieser Instanz sucht, ist sie nicht etwas, das draußen ist. Und die Instanz ist für uns auch nicht eine, die es damals vor 2000 Jahren einmal in Tyrus gab. Und es ist überhaupt die Frage, ob diese Geschichte je so abgelaufen ist. Ein Theologe hat einmal sehr dezidiert gesagt: Und wenn es Jesus nicht gegeben hätte, es wäre absolut nichts ungültig an dem, was uns von ihm übermittelt wurde. Denn alles spielt sich in uns ab. In uns kann das alles wach, lebendig werden. In uns kann das alles zu einer Kraft werden.

Sich nicht zugehörig fühlen

Die Frau war in einem Zustand, in dem sie für sich keinen anderen Ausweg mehr sah. Alle anderen Möglichkeiten mit andern Menschen, mit Psychotherapeuten oder mit Ärzten, waren erschöpft. All das angesammelte, vorhandene Wissen half nicht und in der chemischen Industrie in der Schweiz war man auch nicht daran, gerade ein neues Mittel dagegen zu entwickeln. Viele Menschen setzen in solchen Zuständen tatsächlich ihre Hoffnung darauf, dass aus dieser Ecke doch noch etwas kommt, das alles Elend beseitigt. Die Mutter war wirklich am Ende in ihrer Sorge um die Tochter. Und in dieser Not, in dieser Ausweglosigkeit, die kaum zu schildern ist, wagte sie es, zu diesem Fremden hinzugehen. Sie bricht alle Tabus. Sie war eine Fremde. Als Griechin, Syrophönizierin, war sie überhaupt nicht zugehörig. Und sie war in einem fremden Land – im Ausland.

Fragen wir uns einmal an dieser Stelle: Wo erleben wir uns in unserem Leben, im äußeren wie im inneren, als nicht zugehörig, als nicht ebenbürtig, als nicht zuständig? Wo entsteht in uns selbst das Gebot: »Das darf ich nicht. Das kann ich nicht. Ich gehöre nicht dazu.« Kennen wir solche Zustände? Oder den Spruch: »Also nimm dir nur nicht so viel heraus.« Ich denke, das ist uns allen wohl vertraut, immer wieder überlegen oder meinen zu müssen: »Steht mir das denn überhaupt zu?«

Die Frau bekommt auf ihr Ansinnen die Antwort: Man nimmt den Kindern das Brot nicht weg und gibt es den Hündlein. Jesus entsprach mit dieser sprichwortartigen und doch auch etwas schroffen, abweisenden Antwort diesem behaupteten Ruf, nur sein Volk zu missionieren und nur für sein Volk da zu sein. Als Hündlein bezeichnete man damals die Unwissenden. Also, man nimmt nicht den Kindern das Ihrige weg und gibt es denjenigen, denen es gar nicht zusteht. Jesus verhielt sich so, wie die Frau das von ihm erwarten musste und über ihn wohl auch gehört hat.

Im Buch von Paul Watzlawick »Anleitung zum Unglücklichsein« ist eine lesenswerte Geschichte diejenige mit dem Hammer. Etwas zusammengefasst, lautet sie so:

Ein Mann will ein Bild aufhängen. Er hat eine Öse am Bild, er hat einen Nagel, aber keinen Hammer. Er beschäftigt sich mit seinem Nachbarn, denn zu dem will er gehen und ihn um einen Hammer bitten. Da steigen die unterschiedlichsten Gedanken und Gefühle in ihm auf. Das ist schon eigenartig, wie der Nachbar sich immer verhält. Der grüßt kaum. Es ist überhaupt kein Kontakt da. Besuche hat er sicher auch nicht. Man hört ihn überhaupt nicht. Also ich weiß gar nicht, was in dieser Wohnung nebenan los ist. Das muss ein ganz eigenartiger, eigenwilliger Mensch sein. Wenn jemand von mir etwas ausleihen wollte, ich gäbe es ihm sofort. Und warum wohl er nicht? Wie kann man einem Mitmenschen nur eine so einfache Bitte abschlagen? Der bildet sich gewiss ein, ich sei auf ihn angewiesen. Bloß, weil er einen Hammer hat. Jetzt reicht's mir aber wirklich. So gehen seine Überlegungen. Und er geht hinüber, läutet. Der Mann macht auf. Noch bevor der Nachbar »Guten Tag« sagen kann, schreit ihn der Mann gleich an: »Behalten Sie doch ihren Scheiß-Hammer!«

Ist uns dieses Verhalten nicht nur zu bekannt? Vielleicht von Angehörigen? Man muss es ja nicht von sich selbst kennen. Es ist wie ein Vexierbild. In den Kreisen, ausgehend von der psychosomatischen Klinik in der Kullenmühle in Bad Herrenalb, haben wir das Bild bekannt gemacht und gebraucht mit den zwei Gesichtern, die sich ansehen, und der großen, weißen und weiten Fläche als Fenster zur Welt. Und plötzlich sieht man ein anderes Bild, einen weißen Kelch vor schwarzem Hintergrund. Zwischen den beiden Bildern kann es in Bruchteilen von Sekunden wechseln. In unserer biblischen Geschichte spielt sich so etwas ab. Man kann nicht sagen, ob der Ruf, der diesem Jesus da voranging, wirklich seiner persönlichen Überzeugung entsprach. Ist das, was die Frau da gehört hat, tatsächlich von diesem Jesus gekommen? Sie wusste, er missioniert nur für sein Volk. Und er kommt vom Norden Judäas. Und im Norden Judäas waren sowieso eigenartige Leute, die eigenartige Wege in der Verkündigung der verschiedenen Religionen gegangen sind, anders als im Süden. Genau das sind unsere Voreingenommenheiten und Vorbehalte, wie wir sie im Kopf haben. Und wir haben weiß Gott genug davon. Wir sind direkt besetzt von ihnen und besessen. Und sie spielen ständig in unser Tagesbewusstsein hinein.

Not kennt doch keine Grenzen!

Kehren wir zurück zum Ausspruch über die Kinder und die Hündlein. Jesus war ein Mensch, der wusste, dass Not international ist, dass es da keine Grenzen gibt. Und keine Unterschiede. Vielleicht müssen wir diesen abweisenden Satz noch anders verstehen. Vielleicht wollte er mit dieser schroffen Haltung die Frau auf sich selbst zurückwerfen und damit in ihr etwas auslösen, das sie schließlich verändern kann.

Zur Zeit der Apartheid ist einer meiner Freunde von den Anonymen Alkoholikern aus den Vereinigten Staaten nach Südafrika gefahren. Es war die Zeit, als die Apartheid am stärksten war. Er erzählte, dass er in den Gruppen des 12-Schritte- oder besser des 12-Stufen-Programms keinerlei Apartheid antraf. Diese Menschen – auf der Suche nach einem neuen Leben – konnten sich die Lüge der Apartheid nicht erlauben. Sie mussten ehrlich sein. Sie konnten nicht mehr lügen, denn das wäre für sie »tödlich« gewesen auf ihrem Weg zur Genesung aus ihrer Sucht. In den Kirchen aber gab es Apartheid. Schließlich gehört es zu den verschiedenen Religionsgemeinschaften und Konfessionen, dass sie sich unterscheiden und gegenseitig voneinander absetzen. Den schönen Satz von Krishnamurti, der sagt, wenn du dich einen Christen nennst, einen Moslem, einen Juden, einen Katholiken, einen Protestanten, einen Deutschen, Franzosen oder Russen, begehst du eine Gewalttätigkeit, könnte man erweitern und sagen: Jesus war mit Sicherheit kein Christ, wie Thomas von Aquin kein Thomist war und Sigmund Freud kein Freudianer und Carl Gustav Jung kein Jungianer. Andere, wie der französische Analytiker Lacan haben sich gar geweigert, eine nach ihnen benannte Gesellschaft zu gründen.

Aufwachen zu sich selbst ist ein Prozess

Die Frau lässt sich von dieser Antwort Jesu nicht abweisen. Sie überwindet offenbar alle diese eben geschilderten Stimmen und Zustände, die sich in uns regen, uns bewegen und uns besetzt halten.

Um die Geschichte und was da jetzt passiert zu begreifen, ist noch Folgendes wichtig: All das, was sich in diesem kurzen Text und in der geschilderten kurzen Zeit abspielt, dauert in Wirklichkeit in einem Leben viel länger. Das sind ganz große Prozesse in uns, die da einsetzen, Prozesse des Aufwachens und Wachwerdens, die Jahre dauern. Es sind Reifungsprozesse, in deren Verlauf wir ganz langsam das, was uns vom Leben trennt und abhält, überwinden lernen, und die Blockierung zwischen unseren beiden Hirnhemisphären sich zu lösen beginnt und Impulse sowohl vom Rechts- wie vom Linkshirn ausgehen und aufgenommen werden können und so die vermisste, fehlende Verbindung geschaffen wird – und wir zu uns selbst aufwachen. Diese Entwicklung erzählt die Geschichte in ein paar kurzen Sätzen:

Ja doch Herr! Auch die Hündlein unter dem Tisch essen von den Bröseln der Kinder.

Und Jesus konnte nicht mehr anders und sagte zu ihr:

Um dieses Wortes willen, geh – schon ausgefahren ist der Abergeist aus deiner Tochter.« Und weg ging sie, nach Hause, fand das Kind auf die Liege gestreckt, den Abergeist schon ausgefahren.

Diesen *Abergeist,* den kennen wir gut, wenn er uns zum Beispiel zuflüstert: »Ja, das sehe ich ein, *aber* ... .« Dieser Abergeist macht alles, was am Anfang wie eine Einsicht aussah, zuschanden. Was wie ein Schritt einer Entwicklung schien, wird gleich wieder vernichtet. So wirkt dieser Abergeist in uns in vielen Bereichen und Ebenen und verhindert, dass wir zu dem kommen, wonach wir uns im Tiefsten so sehr sehnen. Ein kleines Wörtchen, aber eine starke, behindernde Einstellung und Haltung!

Das Wunder der Erlösung

Hier, bei dieser Frau, ist etwas geschehen. Eine Lösung, ja eine Erlösung hat sich ereignet, ein Wunder. Diese Mutter hat zum ersten Mal in ihrer Tochter nicht mehr das Kind, sondern eine erblühte junge Frau gesehen und hat sie loslassen können. Die Tochter wurde durch die Mutter nicht mehr fremdbestimmt. Der Missbrauch hörte auf. Sie war endlich frei, ebenbürtig.

Und ist es nicht großartig, Jesus hat sie nicht auf irgendeine Forderung, eine Bedingung oder ein Glaubensbekenntnis festgelegt. Er hat in dem schlagfertigen Ausspruch über die Hündlein erkannt, was sich in ihr verwandelt hat. Sie zeigte ihm, wie sie innerlich dran war, aber gleichzeitig gab es eine innere Berechtigung, gesehen, wahrgenommen zu werden, die sie Jesus vermittelte. Eugen Drewermann sagt in seinem Markus-Kommentar den schönen Satz: »Ich gehöre schon zu ihm, wenn ich nur den ersten Hunger und Durst nach Gerechtigkeit in mir habe.« Wenn sich das in mir rührt, dieser Hunger und Durst, ist das der Beginn dieses oben beschriebenen Prozesses. Und auch, wenn es zunächst in die falsche Richtung gehen sollte und wir uns zunächst auf all das stürzen, was uns nur vortäuscht, unseren Hunger und Durst zu stillen.

An den Schluss dieser Geschichte zur syrophönizischen Frau sollen Worte gestellt sein, die von Eugen Drewermann zwar zur Geschichte der Heilung der blutflüssigen Frau gesagt wurden, die aber genauso hierher passen:

> *»Wenn ich auf ihn zutrete und sage: ›Herr, hilf mir‹, dann bin ich schon in seine Scharen eingereiht und gehöre ich zu ihm. Darum lassen Sie die Gottessohnschaft Christi, lassen Sie Ostern und Himmelfahrt ruhig auf sich beruhen, denn jede Lehre, so hat Luther einmal gesagt, hat ihre eigene Zeit und ihre Stunde. Nehmen Sie Jesus so, wie er Ihnen zunächst erscheint, als einen Menschen, der nur geliebt hat. Nehmen Sie ihn so, wie Sie irgendeinen Menschen nehmen, der Seelengröße anrührt. Wenn Sie das tun, haben Sie zweifellos sein Geheimnis noch nicht begriffen. Sie gleichen dann dieser seltsamen und doch eindrücklichen Gestalt des Neuen Testamentes, die unter dem Namen des blutflüssigen Weibes – oder eben auch dieser namenlosen Syrophönizierin – bekannt ist.«*

Eugen Drewermann (1995)

Kapitel 6

ES GIBT IM LEBEN MEHR ALS AUFRECHNEN, RECHTEN UND RICHTEN

Die Geschichte von den Arbeitern im Weinberg

Ein Feuer entfachen

In Südfrankreich gibt es einen unheimlich starken Wind, »Mistral« genannt, vom Provenzalischen »maiestri«, was übersetzt »der Hauptwind« heißt. Mit manchmal 150 Kilometern in der Stunde rast er vom Norden/Nordwesten her kommend durch das Rhonetal und durch Südfrankreich. Um die Weingärten, Obstkulturen und Felder vor den Schäden zu schützen, die dieser Wind anrichten kann, hat man eine Art von hohen Hecken, eine Art Zäune errichtet aus lebendigen Bäumen.

Die Geschichte, die wir uns hier vornehmen, könnte in ihrer Tiefe und Kraft verstanden und begriffen werden wie ein gewaltiger Wind, der die Atmosphäre säubert und reinigt und all den Ballast, der sich so an uns geheftet, wegfegt. Und vielleicht hat auch mancher und manche in sich eine Sehnsucht nach einem solchen Wind. Oder der eine oder die andere ist in seinem oder ihrem Leben durch sehr turbulente Zeiten gegangen und richtig durchgerüttelt und durchgeschüttelt worden. Man nennt das ja dann eine Krise. Und eine solche Krise, auch wenn sie sich zunächst nur im Äußeren darstellt, ist meist auch eine religiöse Krise, eine Glaubenskrise.

Wenn in uns so etwas ausbricht wie eine Krise, dann deutet das darauf hin, dass sich in uns Funken bilden, und wenn sie entsprechend Luft oder Wind bekommen, könnte sich tatsächlich ein Feuer ausbreiten. Wie hat dieser Mann aus Nazareth doch gesagt? »Feuer auf die Erde zu werfen bin ich gekommen. Und wie wünsche ich, es wäre schon entfacht« (Lukas-Evangelium 12,49). Ist dieser Funke, der da in einer Krise in uns spürbar ist, Teil dieses Feuers von diesem Jesus aus Nazareth? Dieser Funke kann sich ausbreiten, zu einem Brand werden, und alles, was wir bisher für so wertvoll hielten auf dieser Welt und in diesem Leben, aufzehren, wenn er in uns Raum findet.

Ich nehme an, dass dieser Mann aus Nazareth davon überzeugt war, dass aufgrund seiner Taten und seiner Geschichten, dieses Feuer ausbrechen könnte. Jedenfalls steht fest, dass man sich dieses Mannes sehr rasch entledigt hat, wie jeder und jede weiß.

Die Geschichte von den Arbeitern im Weinberg fängt, wie viele andere Geschichten dieses Jesus auch, an mit »Das Himmelreich ist wie ...«. Alfred Loisy, ein katholischer Geistlicher und Professor in Paris, der um die vorletzte Jahrhundertwende gelehrt hat, hat gesagt: Jesus hat uns dieses Himmelreich versprochen. Und was haben wir bekommen? Die Kirche! 1908 ist er dann exkommuniziert worden. Er hat mit seiner Aussage wohl auf Entscheidendes hingewiesen: Das Himmelreich zu bekommen, käme einem Umsturz, einer Revolution gleich. Und dem gilt es allerdings vorzubeugen, wenn man die Macht dazu hat. Und die römische Kirche hat ihm gezeigt, dass sie diese Macht hat. Eugen Drewermann hat geschrieben, dass es in Rom einmal verschiedene Menschen geben werde. Da werde es Menschen geben, die seien intelligent und katholisch, aber nicht ehrlich. Dann werde es Menschen geben, die seien ehrlich und katholisch, aber nicht intelligent. Und dann werde es auch Menschen geben, die seien intelligent und ehrlich, aber nicht katholisch. Ich frage mich, zu wem sich Drewermann hier zählt. Mit der Exkommunikation, die in Rom wohl in solchen Fällen als katholisch und intelligent betrachtet wird, ist bei ihm jedenfalls bis jetzt zugewartet worden.

Was das Gleichnis von den Arbeitern im Weinberg aussagt und in uns auslösen kann, das könnte jedenfalls, wenn es umgesetzt würde, zu einer der gewaltigsten Revolutionen führen, die über diese Erde gingen. Und es könnte wie ein mächtiger Sturm und ein verzehrendes Feuer alle angemaßte Macht und allen falschen Schein zerbrechen.

Die aufregende Geschichte der Arbeiter im Weinberg

Matthäus-Evangelium 20,1–16

Denn vergleichbar ist das Königtum der Himmel einem menschlichen Hausherrn, der ausging gleich in der Frühe, um Lohnarbeiter anzuwerben für seinen Weinberg. Er kam aber überein mit den Arbeitern um einen Denar den Tag und schickte sie in seinen Weinberg. Auch ging er hinaus um die dritte Stunde, und sah andere dastehen auf dem Markt, unbeschäftigt. Auch zu denen sagte er: Geht auch ihr hin in den Weinberg und was recht ist, werde ich euch geben. Die aber gingen los. Wiederum aber ging er aus um die sechste und neunte Stunde und tat ebenso. Um die elfte Stunde, als er ausging, fand er immer noch andere dastehen und sagte ihnen: Was steht ihr hier den ganzen Tag unbeschäftigt. Sagen sie ihm: Keiner hat uns eingestellt. Sagt er ihnen: Geht auch ihr in den Weinberg. Als es nun

Abend geworden, sagte der Herr des Weinbergs seinem Verwalter: Ruf die Arbeiter und gib den Lohn aus, beginnend bei den Letzten bis zu den Ersten. Da kamen die der elften Stunde und erhielten je einen Denar. Als da die Ersten kamen, schätzten sie, sie würden mehr erhalten, doch erhielten den Satz von einem Denar auch sie. Beim Erhalt aber schimpften sie über den Verwalter sprechend: Diese Letzten da, eine einzige Stunde haben sie gearbeitet und ebenso hast du diese behandelt wie uns, die wir des Tages Last und Hitze ertragen. Er aber zur Antwort hat einem von ihnen gesagt: Mein Lieber – man könnte auch sagen: Du, mein liebes Früchtchen, nicht – Nein, ich tue dir kein Unrecht. Einen Denar bist du mit mir übereingekommen. Nimm das Deine und fort. Ich will aber diesem Letzten ebenso geben wie dir, nicht? Es ist mir erlaubt zu machen mit dem Meinen was ich will. Oder ist dein Auge böse, weil ich gut bin? So werden sein die Letzten Erste und die Ersten Letzte.

Wie erzählt wird, soll diese Geschichte folgenden Anlass gehabt haben: Die Jünger, die um ihn geschart waren, also seine Engsten, haben Jesus eines Tages gefragt – diese Frage passt wirklich gut zu dieser ganzen Geschichte – »Herr, wir haben alles verlassen und sind dir nachgefolgt. Was werden wir dafür bekommen?« Und die einen haben bereits miteinander gestritten, ob sie einmal links oder rechts von ihm im Himmel sitzen werden.

Das Leben ist uns geschenkt

In dieser Geschichte geht es genau um das, was unser Leben Tag für Tag bestimmt, schon von Kindesbeinen an. Das erspüren wir bereits als Kleinkind. Es ist das Rechnen. Was wird doch alles errechnet, berechnet, abgerechnet, nachgerechnet, aufgerechnet. Alles bekommt dadurch seinen Wert. Und zu diesen ganzen Rechnereien hinzu kommt dann noch das Rechten und ganz schnell auch das Richten. So ist unsere Welt eingerichtet und so haben wir auch die ganzen Beziehungen in unserer Welt festgelegt. Auch die Völker in ihrem Verhältnis zueinander folgen diesem Gebot.

Wir wollen diese Geschichte nicht nur für wahr halten und es dabei belassen, sondern wenn sie in uns drin eben das auslösen soll, was sie an Kraft in sich hat, dann müssen wir jetzt vom Sichtbaren, vom äußeren Ablauf und vom erzählten Text ins Unsichtbare gehen, das in uns drin ist, und so hin und her oszillieren. Wir gehen in dieser Geschichte von unserer Welt aus in die Welt des Himmelreichs und wieder zurück in unsere Welt. Und dann kommt es darauf an, was die Geschichte bei diesen Hin- und Herbewegungen in uns auslöst und was wir mit ihr erleben.

Ist es nicht vielfach so, dass wir gar nicht mehr wissen, dass das Leben, das wir hier auf der Erde haben, uns in dieser unendlichen Güte des Schöpfers geschenkt worden ist? Ich weiß nicht, wie oft einzelne am Tag darüber nachdenken, was für großartige Geschöpfe wir doch sind, so wie wir geschaffen wurden, um gewissermaßen mit diesem Raumanzug, nämlich unserem Leib, uns auf unserem Planeten zu bewegen. Ich glaube, wenn wir begriffen hätten, was wir für großartige Kunstwerke und Geschöpfe sind, sähe die Welt von daher schon ganz anders aus. Und wenn man sich vorstellt, wie diese kleinen Wesen, die wir einmal als Kinder waren und als die jeder Mensch auf die Welt kommt, aus ganz, ganz, ganz winzigen, mit dem Auge nicht sichtbaren Zutaten entstehen? Es war doch schön, als es noch keine Mikroskope gab und das einfach als ein Wunder angesehen werden musste, nicht wahr? Aus einer ominösen Flüssigkeit zusammen mit noch etwas, was in der Frau da gewesen sein muss, kann so ein wunderbares, kleines Wesen entstehen! Ich glaube, es lohnt sich, wenn wir uns mehrmals am Tag so sehen und erleben, vielleicht sogar mit Gefühlen der Dankbarkeit. Zum Beispiel haben wir so ein Gebilde, ein Horngebilde, an Fingern und Zehen, das ja nicht umsonst da ist und das sich vorschiebt, auf ganz wundervolle Art und Weise. Wenn man sich diese Fuß- und diese Fingernägel schneiden muss, mag das zwar lästig sein, ja, für Kinder ist das manchmal ein Graus, wenn die Mutter kommt mit der Schere. Kinder haben nämlich manchmal Angst, dass der ganze Finger wegfliegt, dabei sollte mit der Schere nur der überstehende Nagel weggeschnitten werden. Oder wir haben Ohren, mit denen wir hören, Augen, mit denen wir sehen können. Oder wir ernähren uns, indem wir essen. Und während wir uns um nichts kümmern, ist ein Riesen-instrumentarium in uns dabei, all das, was wir durch diese Öffnung – meist ist sie oben – hineingeworfen und hineingeschoben haben, zu verdauen. Wir denken überhaupt nicht mehr darüber nach, sondern das alles ist für uns ganz natürlich, ganz normal. Wirklich? Nein, das ist es eben nicht. Das ist ein unglaubliches Geschenk. Da sollte man eigentlich ab und zu »Halleluja« rufen, wenn uns das bewusst würde. Von überall aus den Häusern und von überall her, müsste es »Halleluja« rufen. Das, was uns alles verdirbt, was diese Freude und Dankbarkeit behindert und gar unterdrückt, das ist unser Besitzdenken und dass wir uns gegenseitig so vieles aufrechnen. Das kommt in diesem Gleichnis so klar zum Ausdruck.

Bilder, die das Leben meinen

Die Geschichte vom Weinberg beginnt so, dass da Leute, die schon ganz früh am Morgen auf dem Marktplatz herumstehen und offenbar keine Arbeit für den Tag gefunden haben, angesprochen und gerufen werden, in den Weinberg zu kommen. Allein in diesem Satz stecken ganz viele Bilder. Das Leben wird als Marktplatz gesehen. An diesem Ort wird gehandelt und verhandelt. Und wenn man da nur herumsteht und das durchstehen muss, dann ist es um einen geschehen. Dann geht man leer aus. Das heißt, man weiß offenbar nicht zu leben. Man findet keinen Sinn in seiner Existenz. Wie viele suchen und finden den Sinn ihres Lebens darin, dass sie gebraucht werden. Sie finden ihn in erster Linie in der Erwerbsarbeit. Und so ist es wohl wie Erlösung, am Morgen schon ganz früh zum Arbeiten in den Weinberg gerufen zu werden. Der Weinberg ist als Bild das Symbol des Himmelreiches und damit des Lebens in Fülle. Wenn ich in den Weinberg gerufen werde, heißt das, ich darf einfach da sein, einen ganzen, langen Tag lang. Ich brauche mir für heute keine Sorgen zu machen. Es ist alles da. Und es ist genug da, ja überreich. Für diese Arbeit im Weinberg wird ein Denar geboten. Es wird mit denen, die dem Ruf folgen, einfach etwas ausgemacht. Es wird etwas vereinbart, das offenbar den damals üblichen Gepflogenheiten entsprach. Sie sind jedenfalls damit einverstanden. Historisch gesehen war ein Denar damals so viel, dass eine ganze Familie einen Tag davon leben konnte. Eine Familie hatte damit alles, was sie brauchte. Der Tag war gesichert. Sie konnten damit rechnen, dass sie am Abend genug bekommen, womit sie dann alles einkaufen können, was die Familie braucht. Das Leben war ihnen gewissermaßen geschenkt. Und was sie bekamen, war nicht zu knapp bemessen, sondern in Hülle und Fülle. Das war für einen Denar zu haben. Nun geht ja die Geschichte weiter. Der Weinbergbesitzer schickt seinen Verwalter oder geht selbst auf den Marktplatz und holt alle, die noch zu anderen Stunden, also später am Tag herumstehen, in seinen Weinberg. Am Abend sagt er dann seinem Verwalter, er solle den vereinbarten Denar auszahlen und damit bei den Letzten anfangen. Da merken diejenigen, die den ganzen Tag in der Gluthitze gearbeitet haben, dass sie nicht mehr kriegen als diejenigen, die nur eine Stunde gearbeitet haben. Und sie beschimpfen den Verwalter und machen ihm Vorwürfe. Doch der Verwalter geht nicht groß auf das Schimpfen und die Vorwürfe ein, sondern weist sie auf die eingegangene Vereinbarung hin und entgegnet dann: Ist dein Auge, böse, weil ich so gut bin?

Was uns zusteht

Diese kurze Szene zeigt: Besitzer dessen, was uns das Leben ermöglicht, ist der Schöpfer. Dieser Schöpfer gibt in unendlichem Reichtum, großzügig und gönnerhaft. Wir bekommen, was wir zum Leben brauchen, in Hülle und Fülle. Mehr brauchen wir ja gar nicht, wenn wir das bekommen, was wir zum Leben benötigen. Doch da fängt es in den Arbeitern an, dieses Besitzdenken, dieses Rechnen: Wir haben aber mehr geleistet. Wir haben mehr getan. Uns steht mehr zu. Wir haben dafür kämpfen müssen. Wir haben all die Anstrengungen und Mühen auf uns genommen und trotz aller Unannehmlichkeiten ausgehalten. Das ist genau das, was unsere Welt heute prägt: Uns steht mehr zu. Wir müssen dafür kämpfen. Wir begreifen nicht mehr, dass wir, die wir so reich beschenkt werden, uns freuen sollten mit den anderen, dass sie ganz genau so viel bekommen, wie wir, nämlich das, was man zum Leben braucht. Der Priester Heinrich Spaemann hat einmal im Religionsunterricht in einer Schule in Westfalen dieses kleine Stück vom Weinberg behandelt. In Westfalen gibt es keine Weinberge, dafür aber sehr viele Obstplantagen. Und da hat er den Kindern erzählt, dass da ein reicher Mann war, der eine Riesenobstplantage hatte. Und zu einer bestimmten Zeit ist dann auch eine ganz bestimmte Apfelsorte reif gewesen. Die musste abgeerntet werden. Und da durften alle, die da waren, mit zum Äpfelpflücken. Die einen schon in der Frühe. Die Kinder, die von der Schule gekommen sind, mussten zuerst die Schulaufgaben machen, konnten aber dann anschließend gehen. Und jeder und jede kam noch hinzu und zum Schluss kam auch noch die Mutter, die so ein Kleines, das schon zugreifen konnte, auf dem Arm gehabt hat. Und das Kleine wurde hochgehoben und durfte auch einen Apfel herunterholen. Und alle bekamen einen Taler. Nun hat er die Kinder gefragt in seinem Unterricht, warum das denn gerecht gewesen sei, dass sie alle gleich viel, eben einen Taler, bekamen. Da haben die Kinder ihm geantwortet: Also Apfelpflücken macht doch einfach Spaß. Da bräuchte man doch nicht einmal einen Taler als Belohnung dazu. Die Kinder haben es begriffen. Die Kinder haben verstanden, dass wir, einfach nur, weil wir das Leben haben, ja weil wir Leben in Hülle und Fülle haben, wenn wir's recht anpacken, eigentlich Grund genug haben, uns zu freuen.

Rechnen und aufrechnen

Das Besitzdenken, das in den Regungen der Arbeiter in unserer Geschichte zum Ausdruck kommt, dieses Rechnen und Rechten, das finden wir auf allen Gebieten unseres Lebens. Diese kleine Geschichte ist unsere Geschichte. Jeder von uns glaubt doch, dass er berechtigten Besitz hat und verteidigt ihn gegen diejenigen, die ihm diesen Besitz streitig machen wollen. Auf dem religiösen Sektor gibt es diejenigen, die sich als die Ersten ansehen, das sind die Frommen. Für sie gibt es dann natürlich die Ungläubigen. Und dann diejenigen, die den später Gekommenen gleichen, etwa diejenigen, die anders glauben. Das wird gegeneinander aufgerechnet. Und bei all diesem Rechnen und Richten und Rechten wird die Hauptsache vergessen, nämlich dass wir Menschen alle nur aus einer Tatsache heraus leben, und das ist die große Gnade des Schöpfers. Daraus leben wir alle, die wir hier auf diesem Globus sind. Und im Grunde genommen sind wir keine Gläubiger, die bei Schuldnern etwas eintreiben müssen, sondern wir sind Schuldner, die, wenn wir erkannt haben, wie reich wir sind, denjenigen, die es noch nicht begreifen, einfach etwas geben müssten. Denn: »Auf dieser Welt ist für alle genügend da, nur nicht für die Gier« (Mahatma Gandhi).

Bei den Anonymen Alkoholikern steht einer oder eine, gerade einen Tag trocken, auf der gleichen Stufe wie diejenigen, die es schon über 10 Jahre hinweg geschafft haben.

Rechten und richten

Und so unterscheiden wir auch zwischen den Rechten und den Falschen und zwischen den Gerechten und den Bösen. Unser ganzes Rechtsempfinden hat sich auf dieser Grundlage entwickelt, sodass wir sagen, wenn sich irgendjemand der Gemeinschaft gegenüber in irgendeiner Weise schuldig gemacht hat, dass er dafür eine Strafe abbüßen muss. Da erhebt sich die Frage, ob wir überhaupt begreifen, wie jemand schuldig werden kann. Khalil Gibran hat in seinem Büchlein »Der Prophet« so schön vor Rechtsgelehrten »Von den Gesetzen« gesagt:

> *Oft hörte ich euch reden von einem, der Unrecht tat, als sei er nicht einer von euch, sondern ein Fremder unter euch und ein Eindringling in eure Welt. Doch ich sage euch, wie der Heilige nicht höher steigen kann, wie das Allerheiligste, das in jedem von euch wohnt, ebenso kann der Böse und Schwache*

nicht tiefer fallen, als das Niedrigste, das auch in euch liegt. Und wie ein einzelnes Blatt nicht vergilbt ohne das stumme Wissen des ganzen Baumes, so kann der Übeltäter kein Unrecht tun ohne den verborgenen Willen von euch allen.

Khalil Gibran, 2001, S. 36

Beispiele aus den zehn Geboten

Wir wollen jetzt diesem Rechnen und Berechnen, diesem Rechten und Richten und was es so anrichtet, etwas nachgehen. Ich nehme dazu Beispiele aus den zehn Geboten. Wir wollen uns dabei immer wieder fragen: Was sagt uns unsere Geschichte dazu? Wie hilft sie uns weiter im Alltag des Lebens, dieses Aufrechnen und Rechtfertigen beiseite zu lassen und in und unter uns diese unendliche Güte des Schöpfers und sein Geschenk des Lebens wirken zu lassen.

Gewöhnlich werden die zehn Gebote mit »du sollst nicht ...« übersetzt, also als Forderung. Dies entspricht nicht ganz dem Wortsinn und bringt auch einen anderen Ton hinein. Eigentlich müsste übersetzt werden: Das wirst du nicht tun. Das hast du nicht nötig. Das brauchst du nicht. Du kannst es anders. Die Einleitung der zehn Gebote hält nämlich fest, dass Gott sein Volk aus der Sklaverei in die Freiheit geführt hat. Die Gebote sind also dazu da, diese geschenkte, gewährte Freiheit zu schützen und zu festigen. Dafür braucht es Regeln, besser gesagt Rücksichtnahmen. Wenn uns dieser Raum der Freiheit ein wichtiges Anliegen ist und wir uns bewusst sind, dass Freiheit nicht einfach eine selbstverständliche Errungenschaft, sondern immer auch Gnade, Geschenk ist, dann ist es uns auch ein Anliegen, dass wir Sorge für sie tragen und aus Dankbarkeit notwendige Grenzen achten. Die zehn Gebote wurden deshalb auch schon die »Zehn großen Freiheiten« genannt.

Du wirst und kannst Vater und Mutter gehorchen

Wer von uns Kinder gehabt hat oder sie noch hat, weiß, wie oft es vorkommt, dass sie gegen die in der Familie etablierten Regeln verstoßen. Sie machen sich damit gegenüber der Gemeinschaft der Familie schuldig. Ich glaube, es geschieht in den seltensten Fällen, dass wir einmal daran denken, was eigentlich in unserer Tochter, was in unserem Sohn vorgegangen ist, dass es zu diesen Verstößen gegen unsere Regeln und Ordnungen gekommen ist. Manche Familien beziehen sich auf Jahrhunderte von Traditionen in der Familie und klagen, so etwas sei ja seit fünf Jahrhunderten in der Familie nicht vorgekommen. So genau sind die informiert. Das ist bei uns noch nie passiert! Das gibt es doch nicht, dass so etwas und dann noch bei uns vorkommt! Wer interessiert sich dafür, was in der Tochter, was in dem Sohn abgelaufen ist, und was stimmt vielleicht sogar zwischen Vater und Mutter nicht. Nein, wir sind uns da meist ganz klar bewusst, was unser Recht als Erwachsene, als Eltern ist. Und wissen dann auch oder glauben zu wissen, was Unrecht ist.

Muss Strafe sein?

Ähnliche Einstellungen haben wir zum Beispiel auch Strafgefangenen gegenüber. Ich komme in Gefängnisse, weil ich dort Gruppen der Anonymen Alkoholiker oder der Emotions Anonymous besuche. Ich erlebe eindrücklich, wie sich die Art des Strafvollzugs, wie wir ihn praktizieren, auf Gefangene auswirkt. Ich habe schon sehr früh Gefängnisse kennen gelernt, weil ich der Enkel eines Gefängnisdirektors bin. Mein Bruder und ich haben viele unserer Ferien im Gefängnis bei den Großeltern verbracht. Natürlich haben wir einen anderen Tagesablauf, sozusagen einen leichteren Strafvollzug, gehabt als die Insassen, aber unser Großvater hat es nicht unterlassen, uns den Vollzug pädagogisch nahe zu bringen, indem er uns durch die Gänge führte und die Zellen aufgeschlossen hat. »Dort landet man, wenn man Unrecht begeht.« Es war zu der Zeit, als der Direktor noch einen ganz großen Schlüsselbund hatte und die verschiedenen Schlösser eindrucksvoll knallten, wenn sie zugestoßen wurden.

Wie unser Strafvollzug, unsere Reaktion auf Verstöße gegen unsere Gebote und Ordnungen eigentlich aussehen müsste, zeigt die wunderbare Geschichte von Pater Flanagan. Der katholische Priester hatte 1917 in den USA eine »Boys Town« gegründet, eine Stadt mit Wirtschaftsgebäuden, Schulen, Sportstätten und Ausbildungsbetrieben. In den Jahren 1917 bis 1921 fanden ca. 1250 in Not geratene Jungen dort eine neue Heimat. Pater Flanagan nahm einen Achtjährigen bei sich auf, der Vater und Mutter getötet hatte. Da heißt es:

> *»Können Sie sich vorstellen, was mit diesem Jungen geschehen sein muss, um in diesem Alter eine solche Grausamkeit zu entwickeln? Der Junge wurde mehrmals bei einem Banküberfall festgenommen. Die Polizei war mit ihrem Latein am Ende. Als Minderjährigen konnte sie ihn weder vor Gericht stellen noch einsperren. Und kein Heim wollte ihn nehmen, da hätte er mindestens 12 Jahre alt sein müssen.« Schließlich hat man sich an Pater Flanagan gewandt. Der Junge war tatsächlich ein Mörder. Was geschah dann? Der Junge kam in die Stadt der Kinder und die Geschichte nahm folgenden Verlauf: Er klopfte an die Tür und Pater Flanagan rief: »Herein.« Der Junge trat ein und der Pater fragte ihn: »Wie heißt du?« »Dave, Herr Pater.« »Dave? Willkommen in der Stadt der Kinder. Wir haben dich schon erwartet. Jetzt bist du mal da und willst dich bestimmt ein bisschen umsehen. Weißt du, dass hier alle arbeiten um zu*

leben? Du bekommst hier noch alles gezeigt. Vielleicht findest du eine passende Beschäftigung. Aber erhole dich zuerst einmal. Schau dich erst einmal um. Du kannst jetzt gehen. Wir sehen uns später.«
Der Junge erzählte, dass diese wenigen Sekunden sein Leben veränderten. Wieso das? Zum ersten Mal im Leben sah ich einen Menschen, der, ohne es in Worten auszudrücken, nicht sagte, dass er mich liebte, sondern der zu mir sagte, du bist gut, du bist nicht schlecht, du bist gut.

Hatte sich dieser Jesus nicht mit Zöllnern und Huren umgeben, die in den Augen der Rechtschaffenen nicht in Ordnung waren und Böses taten und die auch nicht im Tempel, dem heiligen Ort, zugelassen wurden?

Du hast es nicht nötig zu töten

Gehen wir im so genannten Dekalog, den zehn Geboten, noch etwas weiter. Beim fünften Gebot geht es ums Töten. Die Abtreibungsfrage und wie wir damit umgehen wollen, ist heutzutage gerade sehr aktuell. Stellen wir uns vor, eine Tochter kommt zu ihrer Mutter und hat so viel Vertrauen, dass sie ihr sagt: »Ich habe abgetrieben.« Würde dann die Mutter zur Polizei gehen und sagen: »Meine Tochter hat getötet, hat gemordet.« Drängt sich uns da nicht die Frage auf, was ist in diesem Menschenwesen vorgegangen, dass es diesen Schritt tun musste? Was haben wir, die wir um dieses Menschenwesen herum waren, versäumt, um dem Ganzen eine andere Richtung geben zu können? Haben wir Erwachsene und Eltern überhaupt etwas davon erfahren, was in unseren Kindern vor sich geht? Ich habe mich schon oft gefragt: Wissen wir eigentlich, was sich in unseren Söhnen und Töchtern so abspielt? Es ist sicher nicht notwendig, dass wir alles wissen. Aber wenn wir an unsere Jugend zurückdenken, haben unsere Eltern gewusst, was sich in uns oft abgespielt hat an Zuständen, in denen wir nicht mehr ein und aus wussten? Wir haben es noch nicht einmal mitteilen können! Das gehörte sich nämlich nicht. Was hätten die anderen alles gedacht über uns? Wie wären wir dagestanden? Da war niemand da, zu dem oder denen wir – wie es im Jakobusbrief im 5. Kapitel heißt – so viel Vertrauen hatten, sodass wir hätten sagen können: »Das und das drückt mich. Das und das habe ich getan. Das quält mich. Das lässt mich nicht mehr weiterleben.« Und hätten die Betreffenden nur genickt, vielleicht gelächelt und mit Wort und Verhalten zum Ausdruck gebracht: »Es ist gut, dass du da bist.« So habe ich es erlebt in Amerika, in den ersten Gruppen der Anonymen Alkoholiker, und auch später in anderen ähnlichen Gruppen. Wenn jemand glaubte, die schauerlichste Geschichte seines Lebens zu erzählen, und wenn dann gelächelt oder gar gelacht wurde, war das kein Auslachen. Nein, da wurde niemand ausgelacht, sondern damit wurde von den Zuhörenden nur gezeigt: »Hast du eine Ahnung, was *ich* dir erzählen könnte. *Ich* war auch dort in der Hölle. Ich habe ein anderes Leben finden dürfen. Und *du* kannst es auch!« Es war Ausdruck von Mitgefühl, von Verstehen, von eigener Erfahrung und eigenem Erleben, was der Berichtende bei ihnen auslöste. Und sie sagten ihm: »Komm einfach weiter zu uns, wenn du magst und es dir hilft. Und du wirst noch vieles hören. Wir dürfen alle neu anfangen, wenn wir es wollen. Wir unterstützen dich dadurch, dass wir hier in dieser Gruppe für dich da sind. Wir werden dich so lange lieben, bis du in der Lage bist, dich wieder selbst zu lieben.«

Wir haben uns zu fragen: Kann man jemanden so leicht schuldig sprechen und ihn büßen lassen, indem man ihn ausschließt, wegsperrt? Er oder sie ist diesen Weg gegangen, das ist eine Tatsache. Aber wurde ihm oder ihr nicht dasselbe Leben gegeben wie uns, aus Güte, aus Gnade?

Ein Blick auf weitere Gebote

Gehen wir zum nächsten Gebot: »Du sollst / brauchst nicht die Ehe zu brechen.«

Wieder ist in erster Linie zu fragen: Was ist in diesem Menschen vorgegangen, dass er diesen Schritt unternommen hat? Wissen wir voneinander wirklich genug? Haben wir so viel Vertrauen zum anderen, zum Partner, der Partnerin, dass wir ihm oder ihr angstfrei sagen können, was uns fehlt und was wir noch brauchen und wonach wir uns sehnen, auch wenn es das Irrsinnigste ist, was es überhaupt sein könnte? Das Leben ist uns geschenkt, in Hülle und Fülle, wenn wir füreinander offen wären.

Wenden wir uns dem Lügen zu: »Du hast es nicht nötig, zu lügen« und dem Stehlen: »Du brauchst nicht zu stehlen.« Es mag etwas einfach sein, wenn wir wieder zunächst an die Kinder denken. Aber die meisten von Ihnen müssen dieses Thema bewältigen. Es kommt einfach vor, dass ein Junge, ein Mädchen aus dem Küchenportemonnaie der Mutter einiges entwendet. Kommt es dann heraus, leugnet und streitet das Kind es ab und muss sich dann erst recht noch schuldig fühlen, weil nichts angesprochen und ausgesprochen wurde. Wir haben nicht gemerkt, dass das Kind im Mangel lebte und es sich einfach nicht getraute, das deutlich auszudrücken. Oder wir haben es nicht gehört und nicht verstanden.

Sag mir lieber, was du brauchst

Bei all diesem Rechten und Richten erfahren wir nie voneinander: »Menschenskind, das hast du doch alles gar nicht nötig. Das brauchst du doch gar nicht. Sag mir doch lieber, was du brauchst, und ich kann dir sagen, was ich dir dafür geben kann.« Ich habe Beispiele zu den zehn Geboten angeführt. Sie sind uns so weitergegeben worden und wir haben sie so gelernt. Bedenken wir, es handelt sich dabei um eine Übersetzung aus einer anderen Sprache in unsere. Und bei Übersetzungen geht erstens vieles verloren, was an Klang und Stimmung bei der ursprünglichen Sprache da war, und zweitens spielen immer auch die Zeitumstände und die Persönlichkeit der Übersetzerin, des Übersetzers eine wichtige Rolle. Nach dieser Erkenntnis müssen diese altvertrauten »du sollst« in den zehn Geboten neu übersetzt werden. Vielleicht etwa so: »Wenn du begriffen hast, dass du dein Leben als Geschenk bekommen hast, und zwar aus lauter Güte des Schöpfers, und dass das Leben des Menschen neben dir, wie immer und wer immer es ist, genauso ein Geschenk ist, kannst du darauf verzichten, zu stehlen, zu lügen oder die Ehe zu brechen.« Wir können statt dessen zeigen, was uns fehlt und was wir brauchen, und dann darauf reagieren. Wir können uns an den Bedürfnissen orientieren und daraus unser Zusammenleben gestalten.« Dabei ist es wichtig im Auge zu behalten, was Dietrich Bonhoeffer einmal gesagt hat: »Es gibt erfülltes Leben auch mit unerfüllten Wünschen.«

Zur Armut erlöst?

Was wäre eigentlich, wenn wir bei unserem Besitzdenken eines Tages darauf kämen, dass uns weder das Land noch die Natur, weder die Flüsse noch der Wind gehört, sondern dass dies ein riesengroßes Geschenk an uns ist von dem, der uns geschaffen hat und auf die Welt hat kommen lassen? Würden sich dann nicht unsere Verhältnisse radikal verändern oder wandeln? Es gab immer schon Utopisten, die versucht haben, solche Gemeinschaften zu schaffen. Denken wir an die

Hutterer, an die Shaker, an die Amischen, an die von Pater Richard Rohr ins Leben gerufene Kommunität in Cincinatti/Ohio in Amerika, wo niemand etwas besitzt, sondern das Besitztum der ganzen Gemeinschaft gehört. Die »Amischpeople« besitzen zum Beispiel nur eine Truhe und da ist ein Anzug drin, ein schwarzer Hut bei Männern, ein Leichenhemd und die sonst nötigen Wäschestücke, die ein Mensch braucht. Alles andere ist in der Gemeinschaft vorhanden. Es könnte so etwas wie ein geistiger Sozialismus und Kommunismus entstehen, wenn wir aufwachten zu dem Reichtum, in dem wir leben, zu dieser Fülle. Und zu diesem geistigen Sozialismus würde es gehören, dass wir einander alles schenken können und einfach alles da ist. Und vor allem: Keine Kriege sind dann notwendig, um einander Besitz streitig zu machen. Können wir uns von daher vorstellen, was eine solche Botschaft bei denjenigen ausgelöst hat, die ihren Besitz, in welchen Bereichen auch immer, wahren mussten, und denen nichts anderes übrig blieb, als diesen Mann aus Nazareth, mit welchen Gründen auch immer, umzulegen? Es geht nicht anders, sonst kann der Besitzstand, wie man ihn hat, und die Besitzordnung nicht in gewohnter Weise geregelt werden. Auf der anderen Seite ahnen wir vielleicht ein bisschen, was uns zur Verfügung stehen könnte, wenn wir zu diesem anderen, das so schön in diesem Gleichnis aufleuchtet, aufwachten. Wenn dieser Brand ausbräche, von dem dieser Jesus sprach, als er sagte, er sei gekommen, Feuer auf die Erde zu werfen, dann würde all das, was uns hindert am Leben, verbrennen. Und übrig bleiben würde all das, was wir längst haben, aber was wir nicht sehen konnten. Wenn all dieser Schund und Müll weg ist, können wir ja überhaupt erst sehen, was wir haben. Es gibt Momente, wo wir das ein bisschen spüren, wo wir das ahnen. Es gibt Momente – ganz kurze – wo wir bemerken, dass nichts, was wir besitzen oder was wir uns anschaffen oder kaufen oder wünschen können, uns glücklich macht. Es ist nicht das Äußere, das uns glücklich macht. Erleben wir nicht oft (bei mir jedenfalls ist das so), dass wir uns jahre- und jahrzehntelang krumm gelegt haben, um etwas zu erreichen. Und wenn wir es dann haben, bedeutet es uns gar nicht mehr das, was wir uns so lange erträumt hatten. Zunächst ist da ein ungeheurer Reiz, ein Begeistertsein, das uns unglaubliche Kräfte entwickeln lässt, so etwas beizubringen oder es auf die Beine zu stellen. Und nach und nach schwindet diese Begeisterung und zum Schluss kann das angestrebte Ziel uns sogar langweilen oder belasten. Was hindert uns eigentlich, es anders zu machen?

Es war schon einmal anders

Ich habe erlebt, dass es hier in unserer heutigen Gesellschaft schon einmal anders war. Aber da muss ich weit zurückgreifen in die Zeit nach dem Krieg. Ich bin auf Grund meiner schweren Verwundung bereits im Juni 1945 aus der Kriegsgefangenschaft zurückgekehrt in die völlig zerstörte, zu 80 Prozent ausradierte Stadt Würzburg. Dort habe ich in den Jahren bis zur Währungsreform erlebt, dass Menschen ihre Freude, dass sie noch am Leben waren, einander mitteilten, obwohl nichts mehr zum Leben da war. In vielen, vielen Fällen wurde geteilt, was man ergattern konnte. Oder wir halfen wie selbstverständlich einander, ein defektes Dach zu reparieren, damit es nicht in den Keller hineinregnete. Sobald die stabile D-Mark 1948 da war, hat sich das immer mehr verloren. Und heute sind wir vereint und mächtig und reich. Wir machen uns Sorgen, dass das Budget für die Armee nicht ausreicht. Oder wir geraten in Aufregung, dass wir vielleicht nicht in den Sicherheitsrat kommen und dass wir nicht dieselbe Bedeutung und dieselbe Stimme haben im Konzert der Völker wie die anderen. Zum Glück haben wir wenigstens die Europameisterschaft im Fußball gewonnen. Es wäre ja sonst eine Katastrophe gewesen ...

Es brennt noch nicht so schnell ...

Das sind einige Facetten, die ich an dieser aufrührerischen Geschichte der Arbeiter im Weinberg aufzeigen wollte. Ich glaube, wir müssten mit dieser Geschichte weitermachen. Es ist eine so gewaltige Geschichte, und sie könnte gemeingefährlich werden, wenn mehr Leute ihren Gehalt verstehen könnten. Diese Gefahr sehe ich aber im Moment noch nicht. Die Geschichte ist schließlich schon seit 2000 Jahren bekannt und hat in ihrer wirklich revolutionären Aussage kaum in diese Richtung gewirkt. Wenn die Welt noch 2000 Jahre hält, wird die Geschichte wohl noch weitere 2000 Jahre »mitgeschleppt«. Und sie ist als Geschichte auch tatsächlich interessant und wird weiterhin ganz verschieden ausgelegt werden. Nur müssen wir nicht glauben, dass das den Steppenbrand auslösen wird, der ausgelöst werden könnte.

... aber es kann mehr und mehr werden

Die Frage an uns ist, ob sich, wenn wir diese Geschichte hören, in uns Bereiche auftun, wo wir dieses Neue empfinden und wo wir Hunger danach bekommen, mehr von diesem himmlischen Königreich zu erfahren. Wenn es so ist, dann hat die Geschichte das bewirkt, was sie im Moment bewirken konnte. Wir müssen die Wirkung auf größere Zeitläufe hin berücksichtigen und wir dürfen nicht glauben, dass sich innerhalb der uns gegebenen Zeit, innerhalb unseres Lebens etwas ereignen muss. Aber vielleicht können wir, angestoßen durch diese Geschichte, in unserem ganz persönlichen Leben etwas verändern. Vielleicht können wir Abstriche machen. Vielleicht reizt uns vieles auf einmal nicht mehr. Vielleicht sind wir mit vielem völlig unzufrieden. Und wenn diese Unzufriedenheit einsetzt trotz und mit all dem, was wir haben, dann glimmt unter dieser Unzufriedenheit ein kleines Fünkchen. Da braucht nur einmal ein Hauch, ein Wind hineinblasen, dann kann es schon zu einer ganz kleinen Flamme kommen und wir können in unserem Leben mehr und mehr verändern und eines Tages gibt es dann Momente, vielleicht Bruchteile von Sekunden, wo wir glücklich sind. Eine heitere Gelassenheit könnte sich plötzlich, völlig unverständlich für unsere Umgebung, einstellen und uns nicht mehr verlassen. Und das ist das Schlimmste, das kann uns psychiatrisch auffällig machen. Grundlose Heiterkeit kann andere in ihrer Bedürftigkeit irritieren und ängstigen.

Das könnte wirken, wie die Geisterfülltheit, die Begeisterung und Lebensfreude am ersten Pfingstfest. Da wurden die vom Geist Ergriffenen auch in ihrer Glückseligkeit und Gelöstheit als Trunkene angesehen. Diese »nüchterne Trunkenheit« (sobria ebrietas) ist uns nicht mehr unbekannt. Wir sind ihr bereits in Kapitel 1 begegnet (s. S. 16 ff.).

Kapitel 7

IM LEBEN LEBEN LEBEN LERNEN

Das Märchen von den drei Sprachen und das Gleichnis vom großen Gastmahl

» ... dass sie es haben überreich«

In uns lebt ein Sehnen nach einem anderen Leben und zwar nicht nach einem Leben, das utopisch ist, das wir uns nur vorstellen oder wünschen können, sondern nach einem Leben, von dem jeder mehr oder weniger bewusst weiß, dass es dieses Leben gibt und dass nur irgendetwas uns hindert, es zu leben. Am besten ist es, wenn wir Gründe haben und andere kennen, die uns hindern, dieses Leben zu führen. Das entlastet uns einerseits. Wir kennen die Schuldigen! Anderseits kommen wir dadurch ins Kämpfen und werden immer wieder in diesem Zustand sein, entweder gewinnen zu wollen oder verlieren zu müssen. Beides, Schuldige zu haben oder zu kämpfen, hindert uns, dieses ersehnte Leben führen zu können. Gab es da nicht einmal einen Menschen, einen Mann, so wird berichtet, der gesagt haben soll: »Ich bin gekommen, dass sie das Leben haben, ja dass sie es haben überreich« (Johannes-Evangelium 10,10). Und ich bin fest überzeugt, dass viele, wenn auch nur in Bruchteilen von Sekunden, schon erlebt haben, dass es ein solches Leben tatsächlich gibt. Und wenn wir das einmal gerochen und gefühlt haben, wenn wir das einmal gesehen und gehört haben, werden wir nie mehr ruhig werden.

Um eine solche Erfahrung machen zu können, brauchen wir alle unsere Sinne, aber nicht nur unsere äußeren Sinne – sie müssen vielmehr zu inneren Sinnen werden, denn nur von außen kann ein derartiges Erlebnis gar nicht kommen. Es wird so sein wie der unendliche Augenblick, den Ernesto Cardenal in seinem wunderschönen Buch »Das Buch von der Liebe« beschreibt, ein Augenblick, vor dem wir auch Angst haben, weil wir überhaupt noch nicht gewöhnt sind an dieses Andere, sodass wir Angst haben, es könnte uns umbringen.

Drei Sprachen, um zum Leben aufzuwachen

Ich habe das Märchen von den drei Sprachen, das ich als Kind nicht kannte, das erste Mal von Pater Anselm Grün gehört. Das Märchen erzählt von den drei Sprachen, die wesentlich sind, wenn wir Menschen werden wollen, die das Bedürfnis haben, zum Leben aufzuwachen. Unter Umständen kennen einige von uns diese Sprachen schon. Sie sind nämlich notwendig, damit wir alle Geschichten gut verstehen können, die uns dieser Mensch Jesus vor 2000 Jahren erzählt hat. Sie werden für uns in dem Moment, in dem sie uns zu Bewusstsein kommen, ganz aktuell. Doch diese drei Sprachen werden, wenn wir sie denn lernen und uns damit ausdrücken wollen, wahrscheinlich von anderen genauso abgelehnt werden, wie der alte Graf sie ablehnte, als er erfuhr, dass sein Sohn sie gelernt hatte.

Das Märchen von den drei Sprachen

Der alte Graf in der Schweiz hatte einen Sohn, einen einzigen, und das Schlimme war für ihn in seiner Stellung, dass der Sohn dumm war. Da schickte er ihn zu einem Meister in Deutschland, ein ganzes Jahr. Und als der Sohn zurückkam, fragte er ihn: »Sag mal, was hast du jetzt gelernt?« Und da sagte der Sohn ihm ganz glücklich: »Vater, ich habe die Sprache der bellenden Hunde gelernt.« Da sagte der Vater zu sich: »Mein Gott. Da habe ich ihn ein Jahr für so viel Geld zu einem Meister und überdies noch in Deutschland geschickt. Jetzt kommt der Kerl zurück und spricht oder behauptet, die Sprache der bellenden Hunde gelernt zu haben.« Und er dachte: »Ich schick ihn noch mal weg, nochmals ein Jahr, zu einem anderen Meister.« Als er zurückkam nach einem weiteren Jahr und der Vater ihm die Frage stellte: »Was hast du gelernt, Sohn?«, da sagte der ganz froh: »Ich habe etwas Neues erfahren. Ich habe die Sprache der quakenden Frösche gelernt.« Der Vater sagte nichts mehr. Doch aller guten Dinge sind drei. Er schickte ihn nochmals weg, zu einem dritten Meister. Und als er zurückkam nach einem Jahr und wieder gefragt wurde: »Was hast du gelernt, Sohn?«, da hat er ihm geantwortet: »Ich habe die Sprache der Vögel gelernt.« Da sagte der Vater zu zwei seiner treuesten Diener: »Führt meinen Sohn in den Wald, bringt ihn um. Ich kann das nicht mehr verstehen, da komme ich nicht mehr mit. Das ist eine Schande für mein Haus.« Und sie führten ihn in den Wald. Und wie es in Märchen so ist, sie konnten diesen Befehl nicht ausführen. Sie haben also ein Tier erlegt, ein Reh, und haben die Augen herausgeschnitten und die Zunge und haben als Beweis diese Leichenteile dem Graf gebracht.

Vom Sohn des Grafen fällt etwas ab

Mit dem Handeln der beiden Diener, das ganz und gar nicht der Absicht und dem Gebot ihres Grafen entsprach, war etwas ganz Entscheidendes geschehen. Welche Last und Bedrohung ist damit von dem jungen Mann abgefallen! Wir würden es vielleicht das Über-Ich nennen. Es ist etwas abgefallen, was wir letzten Endes alle kennen und weswegen wir auch zu Therapeuten gehen. Dieser junge Mann ist jetzt befreit von allem, was Fremdsteuerung war. Wie sehnen wir uns doch danach, von allem, was in unserer Vergangenheit war und was uns immer noch verfolgt und beeinflusst und bedrängt, loszukommen. Und wie schwer tun wir uns gleichzeitig damit. Jemand hat das einmal so auf den Punkt gebracht: »Wir gaben die Hoffnung auf eine bessere Vergangenheit total auf.« Das ist ein Entschluss, der viel, der uns infrage stellt. Denn der Gedanke, wir könnten mit unserer Vergangenheit noch irgendwie anders zurechtkommen, der ist immer wie der berüchtigte Stachel im Fleisch da. Das anzunehmen, die Hoffnung auf eine bessere Vergangenheit aufzugeben, das ist ungeheuer schwer. Es sei denn, es geht einem so, wie es ein Teilnehmer in einem AA-Meeting sagte: »Das Annehmen ist leicht, wenn du keine Wahl mehr hast.« Wenn überhaupt keine Wahl mehr da ist, müssen wir einfach anfangen, einen anderen Weg zu gehen. Oder wir gehen unter. Und ganz nebenbei noch bemerkt, steckt in diesem Satz zudem die Definition von dem, was wir mit Vergebung meinen.

Die Sprache der Passionen und Symptome

Gehen wir jetzt weiter in unserem Märchen zu den drei gelernten Sprachen. Die Sprache der bellenden Hunde ist die Sprache unserer Passionen, die Sprache unserer Leidenschaften. Sie ist auch die Sprache all unserer Symptome, die uns quälen und abhalten von all dem, was wir Leben nennen können. Wir möchten nichts lieber, als uns davon zu befreien oder uns von anderen davon befreien zu lassen. Jede und jeder kennt dieses Bellen. Wir können es entweder laut werden lassen und werden dann von unserer Umgebung dazu gezwungen, dass wir es wieder unterdrücken. Dazu gibt es viele, viele Geschichten. Oder wir gehen zu Therapeuten, zu Ärzten, die inzwischen durch die pharmazeutische Industrie viele »Anti-Bellinchen« in die Hand gespielt bekommen haben wie Valium, Librium, Tacitin, Favor, Lexotanil, Aponal oder wie sie alle heißen. Das sind die »Anti-Bellinchen«, das sind gewissermassen Herbizide, damit das Bellen aufhört. Damit soll jemand sehr schnell von seiner Symptomatik und von dem Quälenden der Symptome befreit werden, damit er wieder leistungs- und arbeitsfähig ist in der Welt, in der wir leben oder zu leben glauben. So betreiben wir heute Medizin und so wird es auch gewünscht. Wenn jemand zum Arzt kommt, will er nicht einfach schnell ein *Valium,* sondern er will *Valeur,* er will Werte haben. Er will kein *Librium,* sondern er will *Libertatem* haben, er will also Freiheit haben. Es wirkt grotesk, aber all das steckt in den Bezeichnungen, in den Namen dieser Mittel. *Tacitin* kommt sicher von *tacere,* zum Schweigen bringen, unterdrücken. Und so ist niemand da, kein Therapeut, der uns begleitet, dass wir die Sprache dieses Bellens verstehen lernen. Und auf diese Weise wird jeder verstehen, was der bereits schon einmal angeführte Exupère, diese Figur in Montherlant's Roman, zum Ausdruck bringen wollte mit dem Ausspruch, dass das Schreckliche in der Krankheit nicht das Leiden sei, sondern der Arzt.

Die Sprache des Unbewussten und des Menschwerdens

Ich finde es wunderbar, dass solche Beispiele wie die Sprache der bellenden Hunde und der quakenden Frösche von den Gebrüdern Grimm gewählt wurden aus der tiefen Erkenntnis innerer Symbolik heraus. Die Sprache der quakenden Frösche ist die Sprache unseres Unbewussten, was in uns in gesegneten Momenten hochsteigt und was wir in Träumen erfahren können. Es ist auch das, was als Eingebung in uns hochsteigt, obwohl wir überhaupt nicht wissen, woher es kommen kann. »Das habe ich doch noch nie gewusst«, sagen wir dann ganz erstaunt. Oder »Was kommt denn da hoch in mir?« Und die Sprache der Vögel, das sind alle die Sprachen, die wir brauchen auf unserem Weg, um Mensch zu werden. Die Sprache der Vögel ist die Sprache des Spirituellen, die Sprache des Geistigen, die uns verbindet mit der Welt, aus der wir herkommen und mit Hilfe derer wir wissen, dass wir wirklich auch ganz in unsere Welt hinein gehören. Diese Welt ist richtig, wenn wir uns so wirklich verbunden fühlen mit dem Leben, wie es Eugen Drewermann beschrieben hat, nämlich mit dem Körper, seinen Füßen ganz auf dieser Erde gegründet, und mit der Stirne den Himmel berührend. Das ist es, wozu wir aufgerufen sind.

Den Schatz heben

Dieser junge Mann, nun befreit und sich selbst überlassen, setzt seinen Weg fort und kommt am Abend in eine Burg. Er klopft an und bittet um Unterkunft. Da wird ihm gesagt, alle Zimmer seien belegt, leider. Aber im Turm sei noch ein Zimmer frei, nur seien dort bellende Hunde und die, die inzwischen dort hingegangen seien, wurden nie mehr gesehen. Da sagt er, das trifft sich ja gut, ich spreche nämlich die Sprache der bellenden Hunde. Er besorgt sich noch etwas zu essen, kommt dann dorthin, spricht zu diesen bellenden Hunden, die winseln und wackeln mit den Schwänzen und die Schwänze wackeln mit den Hunden. Und die Hunde essen mit ihm. Da passiert das Entscheidende. Er hört von diesen Hunden, dass tief unten – und diese Geschichte spielt sich ja in uns ab – ganz tief unten ein Schatz vergraben und verborgen liegt. Und wenn dieser Schatz gehoben werde, dann werden sie, die Hunde, aufhören zu bellen und dieses Land verlassen. Und er tut das. Er hebt den Schatz, die Hunde verschwinden und das Land – und das heißt *wir* – lebt in Frieden.

Die Kunde vom Tod des Papstes

Der junge Mann zieht daraufhin weiter. Und er kommt an einen Teich. Am Teich quaken Frösche. Für manche ein unerträgliches Geräusch. Wir können das auf viele Gegebenheiten unseres Lebens übertragen. Für die einen ist es ein wahnsinnig blödes Geräusch, störend, man möchte am liebsten Gift in diesen Weiher schütten, um die Frösche zum Schweigen zu bringen. Das ist es tatsächlich, was häufig in der Medizin passiert, dass entsprechende Gifte in unseren »Weiher« gegeben werden, wo dann das »Quaken der Frösche« aufhört. Und unser innerstes Lebendigsein macht sich nicht mehr bemerkbar. Unser Unbewusstes schweigt, beziehungsweise es kann sich nur noch auf verschlungenen, nicht mehr direkt erkennbaren Wegen kenntlich machen, beispielsweise durch allerlei Symptome und Ungestimmtheiten oder durch eine Krankheit. Unser junger Mann hört von den Fröschen die traurige Geschichte, dass der Papst in Rom gestorben ist. Und er wird dadurch sehr, sehr traurig. Er ist tief betroffen, dass die führende geistige Instanz der Welt – das meint symbolisch der Begriff Papst – gestorben ist.

Zeigen, wer wir sind

Und er macht sich auf den Weg nach Rom. Und er kommt in Rom an und da sind die Kardinäle gerade dabei, den neuen Papst zu wählen. Sie sind noch zu keinem Schluss gekommen. Sie haben noch nicht den Richtigen gefunden und da überlassen sie es gewissermaßen dem Schicksal, einem Wunder. Und sie sagen, wenn irgendwo und bei irgendjemandem ein Wunder passiert, der wird Papst. Und dieser junge Mann tritt nun ahnungslos in den Petersdom mit diesen Riesenkuppeln und aus den obersten Giebeln kommen plötzlich zwei weiße Tauben herab, wunderbare Turteltauben, und setzen sich turtelnd und gurrend auf die Schultern dieses jungen Mannes. Und die Kardinäle sehen das und sagen: »Du bist Papst. Du wirst Papst.« Und er wehrt sich. Er sagt, ich kann ja nicht mal die Messe lesen. Ich kann ja kein Latein. Und ich erweitere noch die Geschichte: Ich bin Protestant! – Vor diesem Schritt haben wir alle eine unendliche Angst, dass wir uns nämlich endlich als das erweisen und zeigen dürfen, was wir sind und was schon längst in uns zum Tragen kommen will. Und der junge Mann bemerkt plötzlich, dass die Tauben ihm etwas sagen wollen. Das hat mit dem neuen Können zu tun, das er hat. Es ist plötzlich in ihm erwacht. Er hat die Sprache der Vögel gelernt! Und er hört, wie ihm die Tauben zuflüstern: »Psst, sei ruhig. Wir werden dir alles einsagen. Aber jetzt weißt du alles, was du nötig hast an der Stelle, die du jetzt erreicht hast.«

Sich nicht auf Dolmetscher verlassen

Das ist die großartige Geschichte unseres Weges, den wir gehen sollen und zu dem wir alle aufgerufen sind. Auf diesen Weg, wie ihn uns dieses Märchen schildert, können und sollen wir uns gegenseitig verhelfen. Wir können in diesem Märchen sehen, in welcher Phase unseres Lebens wir sind, welche Sprache wir können und welche wir noch nicht können oder welcher Sprache wir uns wieder widmen müssen, um sie wirklich zu können. Oft leisten wir uns ja nur Dolmetscher. Und diese Dolmetscher haben die Sprache der bellenden Hunde und der quakenden Frösche und der singenden Vögel oft auch nur so nebenher gelernt. Sie haben vor allem gelernt, daraus ein Business zu machen. Das sind nicht die Richtigen. Wir müssen die Sprachen selbst können. Wir können uns hier, wo es um unseren Lebensweg geht, nicht auf Dolmetscher verlassen.

Über die Wirklichkeit, die wirkt

Die Texte der biblischen Schriften können wir nicht verstehen, wenn wir die Sprachen aus diesem Märchen nicht können. Wir meinen vielleicht sonst, wir müssten an diese Geschichten glauben und sie in irgendeiner Form für wahr halten.

Eugen Drewermann berichtet dazu die folgende, erhellende Begebenheit:

Nach einer Vorlesung kam ein Priester zu mir und sagte: »Herr Drewermann, ich möchte Sie fragen, glauben Sie an die Wunder Jesu?« Ich sage: »Herr Konfrater, sicher glaube ich an die Wunder Jesu.« »Nein«, sagt er, »bei Ihnen will ich das genau wissen. Glauben Sie zum Beispiel, dass Jesus über das Wasser gegangen ist?« Ich sage: »Ja, ich glaube, dass Jesus über das Wasser gegangen ist.« »Nochmals frage ich«, spricht er, »meinen Sie das wirklich oder symbolisch?« Dann sage ich: »Jetzt weiß ich nicht mehr, wonach Sie fragen, denn ich glaube, dass die religiöse Wirklichkeit nur symbolisch ist. Es ist die einzige, die wirkliche, die wirklich wirkt. Was verlangen Sie? Als im Frühjahr 1945 die Wilhelm Gustlow mit 12000 Mann an Bord von russischen Torpedos im Eiswasser der Ostsee versenkt wurde, betete man an Bord und schrie zu Gott. Wollen Sie den Leuten unter der Kanzel erklären, dass Gott das Wunder wirkt, dass das Wasser Falten bekommt? Diese Wunder wirkt Gott nicht. Die hat er nicht gewirkt und wird sie auch nicht wirken. Trotzdem glaube ich, dass Jesus über das Wasser ging und immer wieder geht. Ob die Welt ein Abgrund ist, als der sie im Augenblick des Todes ganz besonders erscheinen kann, und ob wir den Bogenschwall ringsum sehen und auch das Brausen des Sturmes hören oder ob wir die Gewalt wahrnehmen, die vom anderen Ufer auf uns zukommt. Dazwischen können wir uns immer entscheiden, zwischen Angst und Vertrauen. Und je nachdem werden wir versinken oder das Wasser wird uns tragen. Das ist der ganze Glaube. Dafür stehen solche Symbole. Und wer sie tief genug erfährt, wird merken, dass dieselbe Welt, diese irdische Existenz, die sonst wie eine Falle ist, sich verändert und öffnet. Dann ist dieselbe Welt voller Wunder. Aber das Mittel dazu ist das einer symbolischen Aufnahmebereitschaft.«

Die Sprache des Herzens

Ich war vor Jahren in Moskau eingeladen zum dritten Geburtstag der Anonymen Alkoholiker. Ich kann kein Wort russisch, aber ein paar Brocken habe ich aufgeschnappt und wollte damit Freude machen. Im Saal saßen einige Teilnehmer vorne, die von sich berichteten. Sie sprachen russisch. Und ich habe – auf einer anderen Ebene in der Sprache des Herzens, wie sie schon genannt wurde – alles verstanden. Jedes Wort. Ich habe es an der Mimik gesehen, an ihren Gesten und in ihren Augen. Ich wusste und verstand: Sie konnten nur von ihrem neuen Leben sprechen. Sie konnten nur von dem Wunder sprechen, das mit ihnen geschehen ist. Dass etwas Furchtbares vorher war, dass dann etwas geschehen ist und jetzt etwas Neues gelebt werden kann. Und dann sprachen die Angehörigen von den Al-Anon-Gruppen und die Kinder und Jugendlichen von Al-Ateen – und sie waren genauso zu verstehen. Dann wurde ich umringt von Angehörigen aus den Al-Anon-Gruppen, es waren meist Frauen, und da habe ich das erste Mal russische Frauen in unmittelbarer Nähe erlebt, fast bedrohlich, sie haben mich fast erdrückt aus Liebe. Ein paar Männer waren auch darunter; sie redeten auf mich ein. Wir hatten größten Spaß miteinander. Ich spürte die Wärme. Und ich spürte den Schweiß. Und ich spürte die verschiedenen Düfte, die von den Menschen kamen. Jeder Mensch riecht ja anders. In Russland gab es zu dieser Zeit noch nicht diese vielen Deodorants, es gab noch die verschiedenen Gerüche, und da riecht man wirklich, wie viele unterschiedliche Menschen man um sich hat. Und die Liebe strömte über. Es war umwerfend. Und ich musste kein Wort verstehen, obwohl ich innerlich natürlich die ganz große Sehnsucht gehabt habe, mich so wie in Englisch oder in Französisch mit diesen Menschen auszutauschen.

Die Geschichte aus dem Lukas-Evangelium, die wir uns jetzt vornehmen wollen, gilt es in dieser Art von Sprache zu verstehen, in der Sprache des Herzens und wie sie vom Märchen von den drei Sprachen beschrieben wird. Anders gesagt: Diese biblische Geschichte verlangt nach einer symbolischen Aufnahmebereitschaft, wie dies Drewermann dem Konfrater in seiner theologischen Veranstaltung beibringen wollte. Und sie hat ihre Quelle in dem gerade beschriebenen Erleben, wie ich es in Moskau erfahren durfte.

Machen wir es uns wieder und wieder bewusst: Diese Geschichte und alle Geschichten der Bibel haben mit dem Wissen und der Weisheit zu tun, die uns Menschen schon immer überliefert sind und die wir schon auf diese Welt mitbrachten. Wir müssen lernen, sie so zu übersetzen, dass wir entdecken: Das bin ja ich!

Das Gleichnis vom großen Gastmahl

Lukas-Evangelium 14, 5–24

Als aber einer von jenen, die zu Tische lagen, das hörte, sprach der zu ihm: Selig, wer Brot essen darf im Königtum Gottes. Zu ihm sprach er:
Ein Mensch wollte ein großes Mahl ausrichten und er lud viele ein. Und er sandte zur Stunde des Mahls seinen Knecht, um zu den Geladenen zu sprechen: Kommt, es steht schon bereit. Und sie begannen allesamt einhellig sich zu entschuldigen. Der Erste sprach zu ihm: Ich habe einen Acker gekauft und notgedrungen muss ich hinaus, um ihn zu besichtigen. Ich bitte dich, halte mich für entschuldigt. Ein anderer sprach: Ich habe fünf Ochsen gekauft und ich bin unterwegs, um sie zu prüfen. Ich bitte dich, halte mich für entschuldigt. Und ein anderer sprach: Ich habe soeben eine Frau geheiratet und kann deshalb nicht kommen. Der Knecht kam und berichtete seinem Herrn. Und der Hausherr geriet in Zorn und sprach zu seinem Knecht: Schnell, geh hinaus auf die Straße und die Gassen der Stadt und führ die Ar-

men und die Krüppel und die Lahmen hier herein. Dann sprach der Knecht: Herr, es ist geschehen, was du angeordnet hast. Aber noch ist Platz. Und der Herr sprach zu seinem Knecht: Geh hinaus, die Wege und Zäune entlang, und nötige hereinzukommen, dass mein Haus gesteckt voll werde. So sage ich euch denn, keiner von den Männern, die geladen waren, wird mein Mahl kosten.

Am zweiten Ort im Neuen Testament, wo dieses Gleichnis erzählt wird, gibt es noch folgende Fortsetzung (Matthäus-Evangelium 22, 11–13):

Und am Eingang wurde jedem sein Festkleid gegeben. Und da kam der Herr und sah sich seine Gäste an, und da saß einer, der war ohne Festkleid. Und da hat er seine Knechte gerufen und hat gesagt: Bindet ihn und werft ihn hinaus, dass er dort ist, wo Heulen und Zähneklappern ist.

Unsere tragische Geschichte

Wir sind alle eingeladen zu einem ganz, ganz großen Fest. Welche Entschuldigungen im Einzelnen bringen wir heute vor? Es sind natürlich keine fünf Joch Ochsen mehr, es ist nicht unbedingt, dass man gerade geheiratet hat. Es gibt jedoch viele andere Gründe, um nicht zu dem Festmahl zu kommen. Ich erinnere, was ich über die Sprache der bellenden Hunde und unser Verlangen nach »Bellinchen« gesagt habe. Oder an die Ausreden des jungen Mannes in Rom, er könne schließlich nicht Lateinisch, um Papst zu werden. Er konnte sich nicht vorstellen, sich einfach hinzustellen, sich zu zeigen und zu sagen: »So, das bin ich.« Das gehört zu unseren heutigen Entschuldigungen, wie wir uns vom Fest des Lebens abmelden. Dabei ist alles bereit. Es ist alles da. Ja, es ist absolut alles da.

Es ist *unsere* tragische Geschichte, wenn wir es nicht sehen und nicht wahrnehmen. Was ist es bei uns ganz persönlich und ganz konkret, was uns immer wieder hindert, am Fest teilzunehmen? Wie bringen wir es fertig, es so einzurichten, dass sich nichts verändern – oder besser – nichts *wandeln* kann? Fragen wir uns zuerst aber noch: Was hat es mit diesem Festkleid auf sich? Wie sieht denn eigentlich so ein Festkleid aus? Und wieso ist es so wichtig? Es darf offensichtlich unter keinen Umständen fehlen, sonst gerate ich an einen Ort, wo es zum Heulen ist. Ich will diese Fragen anhand einer kleinen persischen Geschichte klären.

Vom Einlass in den Himmel

Es kam jemand im Himmel an und bat um Einlass. Und da sagte man ihm: Du kannst hereinkommen, wenn du noch mal auf die Erde gehst und das bringst, was dir auf der Erde als das Wertvollste erscheint oder erschien. Und sehr traurig ist der Mensch wieder auf die Erde gegangen, und da ist es ihm gelungen, in den Besitz des Kronschatzes des Königs Kyros zu gelangen. Und er bringt diesen großartigen Kronschatz in den Himmel. Und da schauen sie das alles an und sagen: Das bedeutet hier überhaupt nichts. Unsere Straßen sind gepflastert mit Edelsteinen. Unsere ganzen Wände bestehen aus Gold. Das hat keinen Wert. Das ist ja nur Material. Da geht er tieftraurig wieder weg, wieder auf die Erde und da gelingt es ihm, das Schwert Alexanders des Großen zu kaufen. Und er bringt es nach oben. Und als sie das Schwert sahen, sagten sie: Alle Macht, die auf der Erde Bedeutung hat, bedeutet hier überhaupt nichts. Geh hinunter und versuche wirklich das zu bringen, was das Wertvollste ist. Und er ging nochmals hinunter auf die Erde. Und er stieß in Archiven, in denen er Monate zubrachte, auf die nichtveröffentlichten Sprüche von Salomo.

Eine Zwischenbemerkung: Man braucht oft viel Zeit, um herauszubringen, was das Wertvollste sein kann. Viele Menschen gehen jahrelang in Psychoanalyse, um herauszufinden, was an ihnen wertvoll ist. Der Schatz, der letztlich dabei gehoben wird, kommt jedoch häufig in erster Linie nicht denjenigen zugute, die sich so gründlich analysieren ließen, sondern dem Psychoanalytiker.

Unser Mensch jedenfalls bringt den gefundenen Schatz in den Himmel. Doch schon im Neuen Testament heißt es, dass alle Weisheit dieser Welt nichts zählt. Auch diese berühmten, noch nicht veröffentlichten Weisheitssprüche von Salomon bedeuten nichts, sagte man ihm. Und wieder ist er sehr traurig. Er wird nämlich nochmals zurückgeschickt. Und er sucht und sucht und sucht. Er musste diesen ganzen Weg gehen. Er musste alles untersucht haben. Er musste alles versucht haben. Und dann kam er schließlich herauf mit leeren Händen – und jetzt wurde er eingelassen.

(Ervin Seale)

Was als Festkleid zählt

Wenn wir zu diesem Fest gehen, zu dem wir eingeladen sind, dann ist kein Festkleid, das hier auf der Erde, im Äußeren, irgendwie Bedeutung hat, angemessen. Vielleicht kann nochmals ein Blick auf das Geheimnis, das in den Gruppen der Anonymen Alkoholiker lebt und das schließlich eine solche Kraft und eine solche Lebensfreude freisetzen kann, hilfreich sein. In den AA-Gruppen kamen und kommen Menschen zusammen, für die absolut nichts mehr, was auf dieser Welt Wert und Bedeutung hat, zählt. Nein, nichts zählt mehr, kein Titel, kein Vermögen, keine Besitzungen. Auch kein Ansehen. Das ist nämlich im Zustand des Alkoholikers schließlich auch noch verloren gegangen! Alles hat keinen Wert mehr. Auch der Intelligenz-Quotient zählt nicht mehr. Nur, wenn jemand ganz unten, »rock bottom« im Englischen, also da unten, wo nur noch felsiger Grund ist, angekommen ist, hat er die Chance, ein neues Leben zu erfahren. Diejenigen, die nicht studiert hatten, verstanden das alles schneller, als diejenigen, die studiert hatten.

Fragen wir uns einfach einmal, ob wir tatsächlich in all dem, was für uns Bedeutung hat, zuerst auf nichts reduziert werden müssen, um dann begreifen zu können, was Leben wirklich sein kann?

Das Festkleid, das im Gleichnis für die Teilnahme am Fest vorausgesetzt wird, ist letzten Endes einfach das, womit wir auf die Welt gekommen sind, als Mensch. Es ist nicht all das – mit all seinen Bedeutungen –, mit dem wir uns später gekleidet haben. Das Festkleid anzuziehen heißt, dass wir uns entäußern müssen. Wir müssen lernen, unseren Blick und unser Herz zu lösen von dem, was uns im Außen alles Glück und unsere Sehnsucht zu stillen verspricht. Wir müssen aufwachen zu dem Menschen, der wir sind. Und dann werden wir, die so geblendet von all dem vielen Unwesentlichen sind, unser Blindsein verlieren und plötzlich sehend werden. Das ist es, was Jesus bewirkt hat. Er hat diese Blindheit geheilt. Er hat diese Taubheit geheilt, die wir hatten, betäubt von all dem Lärm um und in uns. Er hat diese Gelähmtheit geheilt, die uns lähmte durch die Vielfalt dessen, was auf uns einstürmt und uns fordert. Und er hat die Erstarrung gelöst von all dem Grauen, das wir uns selbst und anderen zufügen. Alles, was uns da angehängt wurde im Laufe des Aufwachsens und unserer Erziehung, alle diese Programme, die uns sagen, wie wir zu sein hätten, wenn wir etwas sein wollten, müssen von uns abfallen. Dann kommt das zum Vorschein, was schon immer da war. Das ist das ganze Geheimnis des Festkleides. Ohne dieses Wiederentdecken können wir nicht zum Fest kommen.

Das Ganze wird sich von selbst regeln

Ich möchte hier erwähnen, wie es mir am Anfang bei den AA erging, als ich immer wieder auf Äußerungen über diese höhere Macht stieß. Nach vielen Meetingbesuchen fasste ich mir ein Herz und sprach einen gewissen Jim an, der mich durch die Berichte über seine Erfahrungen mit der höheren Macht stark berührte. Ich erzählte ihm von meinen Schwierigkeiten mit dem »God-Business« im Programm. Ich habe ihn mir gewissermaßen als Sponsor auserkoren. Das sind die Menschen bei AA, die uns in ihrer Erfahrung und Entwicklung voraus zu sein scheinen und so unsere persönlichen Berater sein können. Jim hörte mich an und sagte dann zu meiner Überraschung: »Walther, nimm's nicht zu schwer. Wenn es dir bei uns gefällt, komm einfach immer wieder und das Ganze wird sich von selbst regeln.« Und so etwas sagt er mir, einem Akademiker, dem Bataillonsarzt, dem beigebracht wurde, die Lösung von Problemen entsprechend kritisch anzugehen! Jim hatte Recht. Durch die vielen Berichte und Geschichten, in denen ich mich mehr und mehr erkennen durfte, ist in mir eine ganz neue Haltung und Offenheit entstanden, eben dieses Festkleid, von dem im Gleichnis die Rede ist.

Wir sind schon bestraft

Ohne dieses Festkleid müssen wir gar nicht erst noch bestraft werden, wie es die Geschichte zu sagen scheint. Nein, wir sind es schon. Mit all dem, was uns von außen alles angehängt und angeklebt wurde, ist es uns wahrscheinlich schon mehr als genug zum Zähneklappern und Heulen zumute. In jeder Krise erleben wir etwas davon. In jedem Elend wird es offensichtlich, wie gut wir es auch zu verstecken oder zu übertünchen, zu überkleiden versuchen.

Momente genügen

Wir sind alle eingeladen zum Fest in jedem Augenblick. Den ganzen Tag. Die ganze Nacht. Überlegen wir mal, wie alt wir schon sind. Wie viele Ausreden haben wir schon gebraucht und haben gesagt: »Ja, bitte betrachte dies und das als Entschuldigung. Es ist schön, dass du mich eingeladen hast, aber leider geht's noch nicht. Ich bin noch nicht in der Lage. Es fehlt mir noch dies und das.« Sind wir da wirklich sicher? Das Festkleid tragen wir doch schon, es ist nur zu oft zugedeckt durch viel Gerümpel und Kram. Konnten wir nicht schon Bruchteile von Sekunden am Fest teilnehmen? Machen wir uns keine Schuldgefühle. Auf diese Bruchteile von Sekunden, auf jeweils diesen »unendlichen Augenblick«, wie Ernesto Cardenal sagt, kommt es an, denn diese Zeit wird nicht in den Zeiteinheiten gerechnet, die in unserer Welt gültig sind. Sekunden können für uns schon Jahre sein. Sie können Keime sein, die in uns weiter wachsen und eines Tages Frucht tragen. Ich glaube, jede und jeder war schon in der Lage, andere anzustecken, am Fest teilzunehmen. Wir sind zum Fest eingeladen, zu einem Mahl, bei dem wir uns satt essen sollen, unseren Hunger und Durst nach diesem erfüllenden und überreichen Leben stillen können und bei dem wir uns freuen und bei dem wir tanzen sollen.

Das Monument

Vor vielen Jahren bekam ich von Jesse Lair das folgende Gedicht von Blain M. Jorgenson zugesandt. Es heißt »Das Monument«. Ein Denkmal also, ganz im Sinne von: Denk mal!

Bevor Gott seine Kinder zur Erde schickte, gab er jedem Kind ein sorgfältig ausgewähltes Paket mit Problemen.

Beim Wort *Probleme,* komme ich immer auf einen Einwand von Mutter Teresa. Als ein Reporter immer von *Problemen,* die wir hier im Westen haben, sprach, sagte sie: »Sagen Sie, haben Sie kein anderes Wort für Probleme?« Da sagte er: »Ich weiß nicht, mir fällt keins ein.« Da sagte sie: »Können Sie nicht dafür ›opportunity‹ sagen, also die Gelegenheit zu was Neuem?« Da war er ganz erstaunt.

Welch neue, erfrischende Sicht wird da deutlich: Probleme als Gelegenheit, um etwas Neues zu sehen!

Diese (Gelegenheiten!), sprach er, und lächelte dabei, gehören nur dir alleine. Niemand außer dir kann den Segen besitzen, den diese Probleme dir bringen. Und nur du hast die speziellen Talente und Fähigkeiten, die du brauchst, diese Probleme zu deinen Dienern zu machen.
Nun gehe zurück zu deiner Geburt und zu deiner Vergessenheit. Wisse, dass ich dich über alle Maßen liebe.

Wenn ich weiß, da ist etwas da, das liebt mich, dann kann ich plötzlich aus meinem Inneren heraus jubeln und zum Beispiel »Halleluja!« rufen. Oder »Praise the Lord!«. Das ist in uns drin. Es gerät nur zu oft in Vergessenheit. Es braucht nur wach zu werden. Und schon sind wir am Fest beteiligt.

Diese Probleme, die ich dir auferlege, sind ein Symbol für diese Liebe. Dieses Monument, das du aus deinem Leben machst mit der Hilfe deiner Probleme, wird ein Symbol deiner Liebe zu mir werden.

Ich kann mir vorstellen, dass einige schon sehr weit gediehen sind mit diesem Monument und sich schon sehr daran freuen. Andere freuen sich, dass einige Grundfesten dieses Monumentes schon stehen. Und einige werden in Gedanken schon die Pläne des Monuments sehen, wie es einmal werden soll. Das ist etwas ganz Großartiges. Man nennt es auch Hoffnung.

»Instant hope«

Eine der schönsten Geschichten, die ich je gehört habe zum Thema Hoffnung, ist diese: Am Donnerstag Abend haben wir in der Klinik in der Kullenmühle in Bad Herrenalb immer das amerikanisch-kanadische Meeting der AA gehabt. Da kamen die Amerikaner und die Kanadier, Angehörige ihrer Armeen, die hier stationiert waren. In diesem Meeting hat ein Kanadier, John Edward – ich weiß nicht, ob er weiß, wie oft ich ihn schon erwähnt habe, ich habe keine Verbindung mehr zu ihm –, ein hagerer Alkoholiker sein wichtigstes Erlebnis mit der Gruppe erzählt, und das hat mich tief beeindruckt. Es war, als er in das allererste Meeting ging. Er hatte viele Umwege gemacht, bis er endlich in den Raum hineinging und er hatte zuerst nach vorn und hinten geschaut und nach links und rechts, ob ihn ja niemand sieht. Er dachte nämlich, alle wüssten, dass er jetzt in ein AA-Meeting ginge. Schließlich war er drin mit all seinen Ängsten. Er befürchtete, er würde hier vor ein Tribunal gestellt, nachdem er, wie er meinte, im Leben alles falsch gemacht hatte. Aber nichts davon geschah. Die im Meeting haben ihn mit offenen Armen empfangen, wie viele andere es auch erlebt haben und haben gesagt: »John Edward, wir brauchen dich.« Niemand hatte in den letzten Jahren und Jahrzehnten zu ihm gesagt: Wir brauchen dich. Er war tatsächlich auch nicht mehr zu gebrauchen. Und dann sind da solche Verrückten, die sagen: Wir brauchen dich. Das ist es, was in AA geschieht und unter Menschen, die erwacht sind und die dann sagen: Wir brauchen dich. Du bist hier richtig. Und er erzählte weiter: »Da habe ich etwas gespürt.« Er nannte es »instant hope«. Damit begann für ihn im selben Augenblick etwas ganz Neues und Entscheidendes. Er war, mit den Worten des Gleichnisses, auf dem Fest. Mit Festkleid.

Kapitel 8

WENN DU ZU DIR AUFWACHST, IST WASSER DER KÖSTLICHSTE WEIN DES LEBENS

Die Geschichte der Hochzeit von Kana

Was soll schon aus Nazareth Gutes kommen?

Die Geschichte der Verwandlung, die hier geschieht, liegt mir sehr am Herzen. Sie ist aktueller denn je. Sie ist, wie alle Geschichten dieses Zimmermannsohnes Jesus, zuerst mündlich überliefert worden. Erst Jahrzehnte später wurde sie aufgeschrieben, als sie, wie zu vermuten ist, schon viel ausgelöst und bewirkt hatte bei der jeweiligen Zuhörerschaft. Diese Reaktionen werden wiederum ihre Wirkung gehabt haben auf die Ausgestaltung der Geschichte und auf deren endgültige Form in der Bibel. Vielleicht war auch eine ähnliche Geschichte aus der griechischen Welt bekannt, die vom Gott Dionysos handelt, und sie hat unsere Geschichte beeinflusst. Das beweist nur, dass deren Bedeutung und Wahrheit nicht in einem objektiv feststehenden und festzustellenden äußeren Ablauf liegt, sondern dass diese Geschichte erlebt und bewegt werden will in unserem Inneren. Wenn sie dann auf diese

Weise *unsere* Geschichte wird, indem sie die entsprechenden Bilder und Erfahrungen in *uns* aufweckt und lebendig werden lässt, kann es in uns zur notwendigen Erschütterung kommen und die Wahrheit der Geschichte kann an uns Wirklichkeit werden. Die Kraft dieser Geschichte und damit die Kraft dieser hier geschilderten Verwandlung von Wasser in Wein durch Jesus liegt also in ihren starken Bildern und darin, was sie in uns auszulösen vermögen.

Kana war eine kleine Stadt nördlich von Nazareth. Aus Nazareth stammte auch Jesus. Wenn man damals Nazareth hörte, dann hörte man auch sogleich die zu der Zeit geläufige Redewendung mit: Was soll schon aus Nazareth Gutes kommen? Trotzdem also wurde er zur Hochzeit eingeladen und das hieß auch, dass seine ganze Anhängerschaft mitkam. Er war ja kaum je allein.

Unter Besatzung leben

Dieses Hochzeitsfest spielte sich zu einer Zeit ab, deren Zustände fast vollständig mit denen in der heutigen Zeit im Norden Israels, in Galiläa, gleichzusetzen sind. Die Römer hielten das Land besetzt. Die Menschen dort mussten viel Grausames durch sie erdulden. Es wurden Gesetze gemacht, wonach die Juden den Römern unterstellt waren. Das führte dazu, dass ihnen beispielsweise alles weggenommen werden konnte. Oder man konnte sie leicht wegen irgendetwas Geringfügigem anklagen und ins Gefängnis werfen. Die Bevölkerung war in weiten Bereichen ihres Lebens nicht mehr sicher. Heute ist es in Israel und gerade im Norden ähnlich. Nur die Besatzer, wenn man so will, haben gewechselt. Diejenigen, die über die dortige Bevölkerung, zum großen Teil Araber, herrschen, sind jetzt die israelischen Juden. Sie sind es jetzt, die die furchtbare Unterdrückung verursachen. Ich stütze mich für dies und das Folgende auf das aufregende Buch »We belong to the land« von Elias Chacour, einem Araber und Priester der Kirche der Melkiten, die zur römisch-katholischen Kirche gehört. Er schildert darin unter anderem auch, was er selbst mit seiner Familie durchgemacht hat. Sie wurden aus ihrem Dorf vertrieben, und das Dorf wurde zerstört. Als seine Mutter gestorben war und auf dem noch erhalten gebliebenen Friedhof bestattet werden konnte, ging er nach einigen Tagen hin, um nach ihrem Grab zu sehen. Er fand seine tote Mutter ausgegraben neben ihrem zerstörten Grab liegen! Das ist gewiss ein besonderer Fall, eine Pietätlosigkeit, die aber die ungeheure Rücksichtslosigkeit deutlich macht, mit der mit der dort lebenden, nichtisraelischen, palästinensischen Bevölkerung umgegangen wird. Es durften keine Schulen mehr gebaut werden. Elias Chacour ist es gelungen, gegen dieses Gebot Schulen zu errichten. Dank seines Renommees in den USA und anderen Staaten hat er die dafür benötigte materielle Unterstützung bekommen. Auch die holländische Königin hat ihn empfangen. Dies hat ihn geschützt, so dass der israelische Staat nicht härter gegen ihn vorgehen konnte.

Damit ist der Bogen geschlossen. Die Zeiten haben sich zwar geändert, entscheidende Lebensumstände sind aber vergleichbar geblieben. Und auch das, was die Bevölkerung durchmachen muss. Das ist der Hintergrund der Geschichte, die von der Hochzeit von Kana erzählt.

Die Hochzeit von Kana

Johannes-Evangelium 2,1–11

Ich habe wieder die markante, kantige Übersetzung von Fridolin Stier gewählt, dem eigenwilligen, einstigen Alttestamentler aus Tübingen.

Und am dritten Tag fand zu Kana in Galilä eine Hochzeit statt. Und die Mutter Jesu war dort. Aber auch Jesus und seine Jünger waren zur Hochzeit geladen. Und da es an Wein mangelte, sagt die Mutter Jesu zu ihm: Keinen Wein haben sie. Und Jesus sagt zu ihr: Was willst du von mir, Frau? Meine Stunde ist noch nicht gekommen. Sagt seine Mutter zu den Dienern: Was er euch auch sagt, das tut. Es waren aber dort wegen des Reinigungsbrauches der Juden sechs steinerne Wasserkrüge aufgestellt. Sie fassten je zwei bis drei Maß. Sagt Jesus zu ihnen: Füllt die Krüge mit Wasser. Und sie füllten sie bis oben. Und er sagte zu ihnen: Schöpft jetzt und bringt dem Oberschenk. Sie brachten ihm also. Wie aber der Oberschenk das zu Wein gewordene Wasser gekostet hatte und nicht wusste, woher es war – die Diener jedoch, die das Wasser geschöpft hatten, wussten es –, da ruft der Oberschenk den Bräutigam und sagt zu ihm: Jedermann setzt zuerst den guten Wein vor und wenn sie berauscht sind, den geringeren – du hast den guten Wein bis jetzt aufbewahrt. Dies wirkte Jesus – als Anfang der Zeichen – zu Kana in Galiläa. Und aufschien seine Herrlichkeit. Und seine Jünger glaubten an ihn.

Festen und trinken

Eine kleine Geschichte über ein großes Ereignis! Die Hochzeiten in Galiläa fanden üblicherweise in den Monaten Juli und August statt. So sei das heute noch, erzählt Elias Chacour in seinem Buch. Alle Vorbereitungen für die Ernte waren abgeschlossen, aber bis zur Ernte dauerte es noch einige Zeit. Wer schon einmal dabei war bei einem solchen Hochzeitsfest in Nordisrael, der weiß, mit welch ungeheurem Aufwand sie vonstatten geht. Alle aus dem Dorf, gleich, ob es sich nun um eine christliche Hochzeit oder um eine Moslem-Hochzeit handelt, nehmen daran teil. Ein Zug zieht durch das Dorf zum Festort. Der Bräutigam holt die Braut ab. Und alle schließen sich an. Es sind schließlich auch alle eingeladen.

Es muss ein solch großes Fest gewesen sein, von dem in der Bibel die Rede ist. Wir können annehmen, dass auch von der Besatzung einige eingeladen und mit dabei waren. Es waren wohl nicht alle römischen Besatzer verhasst. Im Sinne der Fraternisierung stellte sich zu einzelnen Besatzern, wie dies bei uns Deutschen damals, als wir 1945 ebenfalls besetzt waren, der Fall war, eine Beziehung her. So eine Hochzeit war schließlich eine sehr glorreiche Angelegenheit, die entsprechend mit ungeheurem Aufwand gefeiert wurde. Diese Hochzeitsfeste dauerten auch nicht nur einen Tag, sondern es waren mehrtägige bis einwöchige Anlässe. Da war vieles möglich, was sonst nicht in dieser Art Platz hatte. Vielleicht war es auch der einzige Höhepunkt eines Paares. Wir wissen, wie Beziehungen sich entwickeln und was dabei herauskommen kann! Aber jetzt bei diesem Fest, da dachte man nicht daran, da wurde gefeiert. Der Wein floss, und was man sonst im Leben nicht ertragen konnte, gerade auch das, was an Schwierigkeiten unter der Besatzung durchzuhalten war, das wurde ertränkt im Alkohol. Ja, es muss weinselig zugegangen sein, denn, so erzählt unsere Geschichte, plötzlich war kein Wein mehr da.

Du bist wertvoll, weil du Mensch bist

An diesem Fest, an dieser Hochzeit, nahmen also auch Jesus und seine Anhängerschaft, *Jünger* genannt, teil. Es waren eigenartige Menschen, die er um sich gesammelt hat und die mit ihm herumzogen. Man könnte sagen, so ein richtiges »Gesocks«. Außenseiter der Gesellschaft waren darunter, Menschen, die nicht dazupassten. Fischer, die ihm zuliebe ihren Beruf verließen, also Aussteiger wurden. Sie waren vielleicht auch aus der angestammten und dort gerade mächtigen Religion, der jüdischen, herausgefallen. Sie hatten wohl auch die etwa 635 Vorschriften, die das Judentum seinen Gläubigern auferlegte, nicht immer beachtet und sich ihnen manchmal sogar widersetzt. Davon wird jedenfalls im Evangelium erzählt, zum Beispiel über das Ährenraufen am Sabbat (Matthäus-Evangelium 12,1–8) oder die Ablehnung des Fastens (Lukas-Evangelium 5,33–35). Unter diesen Leuten also waren ehemalige Huren, Steuereintreiber im Auftrag der Besatzer, Leute, die aus der Gesellschaft ausgeschlossen worden waren, freiwillige Aussteiger usw. Ich bin mir sicher, dass nach der Nomenklatur in der heutigen psychotherapeutischen Medizin mindestens 75 Prozent davon »Borderliner« waren, Menschen mit sehr frühen Störungen, die sich in einer Durchgangsphase in ihrer Entwicklung befinden. Viele dieser Jüngerinnen und Jünger also waren Menschen, die man nicht für voll nahm, denen nicht die menschliche Achtung und Hochachtung entgegengebracht wurde, einfach weil sie Menschen waren. Sie gehörten zu den Verlierern, weil sie in der Art, wie die Gesellschaft strukturiert war in einem bestimmten Bereich versagt hatten. Und das wurde ihnen nicht verziehen! Und dieser Jesus sammelte sie um sich. Solche Menschen fühlten sich von ihm angezogen und einige blieben dann auch bei ihm und zogen mit ihm. Jesus war damals übrigens ein Modename, viele hießen so. Ich bin der Überzeugung, dass der Jesus, von dem in der Bibel die Rede ist, denen, die er um sich sammelte, etwa das Folgende vermittelte: In dir steckt alles, was du brauchst, um dir wirklich das Leben ganz zu nehmen. Und nach diesem Leben zu greifen, das dir geschenkt ist, und es ganz zu nehmen, das steht dir zu. Du bist wertvoll, weil du Mensch bist. Jesus hat ihnen die Würde wieder zurückgegeben, und zwar in einer Art und Weise, wie es sonst damals keiner konnte: »Du bist der geliebte Mensch.« (Henri J. M. Nouwen)

Eine Gemeinschaft, die ansteckt

Für mich war entscheidend, was ich 1954 als frisch in die US-Army eingetretener Bataillonsarzt erlebte in der ersten und anschließend in vielen weiteren Begegnungen in den Gruppen der Anonymen Alkoholiker. Da traf ich auf eine klassenlose Gesellschaft, in der alle gleich waren. Es ist nämlich gleich, ob einer, wie damals in der ersten Gruppe, die ich besuchte, Oberst war, Zahnarzt und Direktor der Zahnklinik oder infolge seines Alkoholismus degradierter einfacher Soldat. Der Alkoholismus sorgte schon dafür, dass einer nicht blieb, was er zu sein meinte, wenn er weiter an der Flasche hing. Und wer davon losgekommen war, der konnte es sich nicht mehr leisten, Unterschiede zu machen. Darum spielte auch die Rasse und die Hautfarbe in diesen Gruppen keine einen vom anderen unterscheidende Rolle, auch das Geschlecht nicht und ebenso wenig das Alter. Ich traf weiter auf eine Atmosphäre, wo Menschen nach einem grausamen Weg durch die Hölle des Alkoholismus' wieder ihre Achtung vor sich selbst und die Achtung anderer gefunden haben. Und sie haben etwas gehabt, was ich, der ich damals 31 Jahre alt war, auch gerne gehabt hätte: Sie haben miteinander eine Gemeinschaft gebildet von einer Dichte, einer Wärme, einer Herzlichkeit und einer Offenheit, die mich außerordentlich anzog. Sie haben ihr Menschsein genossen. Danach habe ich mich gesehnt, nach einer solchen Gemeinschaft. Und ich musste sie entdecken unter Angehörigen einer Armee und bei Menschen, die wir zu Randgruppen machten, weil sie uns durch ihre Geschichte an unsere eigene Unvollkommenheit und unsere eigene Fehlbarkeit und unser Randdasein erinnern.

Freude am Leben entwickeln

Ich stelle mir vor, dass sich auch um diesen Mann, Jesus, eine solche Schar gesammelt hat. Ungeachtet dessen, was der Großteil der Gesellschaft von ihnen sagte und ihnen nachsagte, fanden sie da um und mit diesem Jesus und den anderen zusammen wieder ihre Würde und ihre Geltung und ihre Sicherheit. Sie fanden ihr Menschsein. Mit diesem Jesus war eine ungeheure Stärke präsent in ihrer kleinen Gesellschaft, wie ich sie selber konkret erlebte in der AA-Bewegung. Mit diesem Haufen war jetzt also Jesus bei dieser Hochzeit. Um zu begreifen, was die Geschichte erzählt, muss man sich jetzt vorstellen können, dass Jesus mit seinen Leuten eine ähnliche Wirkung ausübte, wie diese Gruppe Menschen, diese anonymen Alkoholiker damals auf mich. Vergessen wir nicht, was schon gesagt wurde: Die festlichen Zusammenkünfte dauerten ihre Zeit, unter Umständen bis zu einer Woche. Da konnte vieles geschehen. Da war vieles möglich. Da fanden die unterschiedlichsten Begegnungen statt. In der Hochzeitsgesellschaft muss es Menschen aufgefallen sein, wie die zu diesem Jesus Gehörenden miteinander umgingen und wie sie es untereinander und mit diesem Jesus hatten. Und sie sagten sich wohl: »Um Gottes Willen, was die da haben, das ist ja genau das, was ich wollte. Herrgott noch mal! Da möchte ich auch dazugehören! Das ist ja großartig, wie die sich nahe sind. Wie die offen sind miteinander. Haben die ein Leben miteinander! Wie die nichts voreinander verheimlichen.« Wir können uns ohne weiteres vorstellen, dass in der Gruppe um Jesus Dinge zur Sprache gebracht werden konnten, die zu Hause in der Familie nie ausgesprochen werden dürfen! Sie haben ein ganz neues Leben gefunden. Und sie sind gesund geworden, ganz gesund, nicht nur körperlich, auch seelisch, geistig. Sie sind innerlich heil, ganz geworden. Und sie haben eine Freude am Leben entwickelt, wie sie in der Hochzeitsgesellschaft selbst nicht mit Wein und anderem Alkohol hätte erlebt werden können. Wir begegnen hier erneut dieser nüchternen Trunkenheit (sobria ebrietas), dieser grundlosen, begeisterten Freude. Das heißt, man jubelt einfach und freut sich, am Leben zu sein. Vielleicht scheint die Sonne durch das Fenster herein und draußen herrschte gerade noch herbstliches Nebelwetter. Und jetzt dieser Sonnenstrahl. Das Leben ist völlig verändert. Und wir schauen hinaus. Und freuen uns, einfach so. Oder wir schauen in die erstaunten, großen Augen eines kleinen Kindes. Es entsteht ein Kontakt. Das Gesicht verzieht sich zu einem Lachen. Und wir lachen einfach mit. Wir können gar nicht anders. Und so weiter.

Eine neue Sicht des Lebens

Ein solches Erleben muss diese Gruppe ausgestrahlt haben auf die Menschen um sie herum bei dieser Hochzeit. Und es muss ausgestrahlt haben auf sie, ausgehend von diesem Jesus, der auch so sehr für Verständigung war. Und für Versöhnung. Auch mit den Besatzern. Das wird aus überlieferten Jesusworten und aus Geschichten von ihm immer wieder deutlich. Denken wir an den Satz, der bei uns inzwischen zu einem Sprichwort wurde: »Wenn dich einer bittet oder zwingt, eine Meile mit ihm zu gehen, geh zwei Meilen mit ihm« (Matthäus-Evangelium 5,41). Damals hatten die Römer nämlich das Recht – wenn ihnen irgendetwas zu schwer zum Tragen war –, einen Juden herbeizurufen und ihm zu sagen: »Hier, los, trag das eine Meile.« Und dann musste der Jude mit der Last eine Meile gehen. Und jetzt verkündete dieser Jesus also: »Wenn dir das passiert, dann geh zwei.« Was könnte daraufhin geschehen sein? Es wird Erstaunen auslösen beim Römer. Zum einen wird er sagen: »Spinnt denn der? Der geht – freiwillig – zwei Meilen mit mir mit dieser Last?« Und zum anderen würde etwas wach werden, was unter der Uniform, dieser verhassten Uniform der Besatzer, noch da ist: sein menschliches Herz. Das wird durch das Gehen einer zweiten Meile angesprochen. Oder denken wir an einen anderen Satz, der ebenfalls zu einer bekannten Redensart wurde, gerade wohl, weil er uns zunächst so irritiert! Jesus sagt: »Wenn dir einer auf die rechte Wange schlägt, dann reiche ihm auch die linke dar« (Matthäus-Evangelium 5,39). Stellen wir uns das einmal konkret vor. Die meisten Römer waren wie die meisten Juden und Angehörigen aller anderen Völker gewiss Rechtshänder. Da schlägt jetzt also einer den vor ihm Stehenden oder Sitzenden mit seiner rechten Hand, und zwar mit deren Rückseite – sonst funktioniert es nicht – auf die rechte Wange. Dieser Schlag mit der Rückseite der rechten Hand auf die rechte Wange gilt als Zeichen höchster Verachtung und Missachtung. Diese Verachtung und Missachtung hat ihre Gründe. Sie wird geboren aus der Hilflosigkeit und Ohnmacht heraus, in die der Dreinschlagende in dieser Begegnung geraten ist. Sie stammt letztlich aus allem, was ihm durch Erziehung und Programmierung als ihm Fremdes aufgezwungen wurde. »Dem, der mich in seiner Hilflosigkeit verachten muss und das so zeigt, dass er mich schlägt, dem soll ich jetzt also auch noch meine andere Seite, meine andere Wange hinhalten?« Warum denkt Jesus so? Der zum Gegner Gewordene wird dadurch aus dem Konzept geraten. Und es ist ganz wichtig, dass wir in all diesen Programmierungen in uns gründlich verunsichert werden. Wir sollen merken, dass unsere Programmierungen nicht stimmen. Dann haben wir die Chance, dass wir zu einer neuen Programmierung, besser gesagt, zu einer neuen Einsicht und einer neuen Einstellung kommen.

Der Himmel, das ist eine neue Brille

In seinem Buch »Eine neue Brille« schreibt Chuck C., einer aus der Gruppe der Anonymen Alkoholiker, von seinem entscheidenden Erleben. Er musste erst sterben, um all das loszuwerden, mit dem man ihn im Leben eingewickelt hatte, um dann zu einer neuen Sicht zu kommen. Und ein Freund von ihm, Ed Dowling, ein Jesuitenpater, ein Fresssüchtiger, der merkte, dass das 12-Schritte-Programm der Anonymen Alkoholiker für ihn genauso gültig war, ergänzte: »Chuck, ich glaube, Himmel, das ist einfach eine neue Brille.« Das meint, wenn ich durch das, was ich durchmache, eine neue Sicht gewinne, dann tut sich etwas Neues für mich auf. Da weitet sich etwas. Das ist Himmel. Und wollte Jesus nicht dies seinen Jüngern und Jüngerinnen und den Menschen um ihn herum beibringen: eine neue Sicht des Lebens, eine neue, eine weite und großzügige Sicht des Menschen?

Sich nicht fremdbestimmen lassen

Ganz zu Beginn schon macht sich die Mutter von Jesus bemerkbar. Sie war auch mit dabei. Und diese kurze Begebenheit, diese Stelle in der Geschichte, ist wirklich aus dem Leben gegriffen. Je nachdem, in welcher Lebenssituation wir selber im Moment stehen, wie wir gestimmt sind oder auch welchen Reifungsgrad wir erreicht haben, wird gerade diese Szene unterschiedlich zu uns sprechen. Je nachdem werden wir die Stimmung dieser Szene anders wahrnehmen und aufnehmen. Ich möchte zuerst direkt auf den Verlauf dieser Szene eingehen und mich davon ansprechen lassen und erst später noch Informationen aus der damaligen Zeit beisteuern.

Da macht die Mutter also ihren Sohn darauf aufmerksam, dass es an Wein mangelt. Die besorgte Mutter wird da gezeigt, die regeln will, was fehlzugehen droht. Und wie verhält sich auf den ersten Blick der Sohn? Abweisend und schroff. Er sagt zu ihr: Was willst du von mir, Frau? In älteren Übersetzungen heißt es noch deutlicher: Weib. Und das ist doch nun wahrhaftig ganz schön unschön, wie da der Sohn mit der Mutter umgeht! Aber das ist nicht das einzige Mal, dass uns von einem solchen Umgangston von Jesus berichtet wird. In einer anderen Situation – er hält sich im Innern eines Hauses auf –, als ihm berichtet wurde: »Da draußen warten deine Mutter, deine Brüder und deine Schwestern«, da sagte er: »Was heißt hier Mutter? Und Brüder und Schwestern? Ihr, die ihr den Willen meines Vaters tut, seid meine Mutter, meine Brüder und Schwestern« (Markus-Evangelium 3,31–35). Auch hier eine zurückweisende, schroffe Reaktion. Wie sollen wir das verstehen? Er wollte damit sagen: Ich lasse mich durch nichts mehr, was sonst für euch vielleicht Gültigkeit haben mag, fremdbestimmen. Ich gehe nur dem nach, was ich für richtig empfinde. Und was sich in Übereinstimmung befindet mit dem Willen dessen, das er seinen »Abba« nannte oder, wie es in seiner aramäischen Muttersprache heißt: »abwûn«. »Abwûn«, das wir auch im Vaterunser haben, »abwûn d'bwaschmâja«, »Unser Vater im Himmel«, hat im Aramäischen kein Geschlecht. Es ist nicht Vater. Und nicht Mutter. Um diesem Tatbestand gerecht zu werden, versuchen wir dann das manchmal so zu übersetzen, dass Gott Vater und Mutter zugleich ist. Es ist einfach das Großartige, das

Seiende, das Unbegreifliche, das Unbeschreibbare und Unfassliche. Und übrigens ist das hebräische »Abba« ein Kosename, der zu jedem gesagt werden konnte, nicht nur zum Vater. Hebräisch »ben«, »Sohn«, bedeutet zunächst einfach einmal: »Ich gehöre dazu.« Jesus fühlte sich also zuvorderst diesem abwûn verpflichtet und zugehörig, nichts anderem und niemandem anderen mehr. Es ist manchmal bitter und tut weh, wenn man der geliebten Mutter gegenüber sehr bestimmt auftreten und ihr deutlich machen muss: Also Mutter, das ist nicht mehr deine Sache. Das ist meine Sache, auch wenn es dich noch so sehr betrübt, dir wehtut oder ich dir damit wehtun muss. Die Mutter von Jesus lässt nicht locker, ja reagiert darauf sehr hartnäckig. Sie geht nicht auf seine Zurechtweisung noch Zurückweisung ein. Sie lässt sich nicht beirren und sorgt vor und sagt zu den Dienern: Bitte tut, was er euch sagt.

»Ich bin noch nicht an der Reihe, Frau«

Diese Passage unserer Geschichte kann meiner Meinung nach noch anders verstanden werden. Dabei soll jedoch das, was gerade zu Jesus und seiner Übereinstimmung mit seinem Abba, seinem abwûn, gesagt wurde, nicht in Frage gestellt werden. Das Folgende kann sogar als Voraussetzung zu dieser Sichtweise verstanden werden. In seinem Buch »Es werde Licht. Die sieben Schlüssel zur aramäischen Welt der Bibel« weist Rocco A. Errico darauf hin, dass das Wort »Frau« für Mutter damals eine ganz gebräuchliche Anrede gewesen ist. Es ist zwar eine etwas vornehm-distanziert-freundliche Redeweise, vielleicht wie das »Ihr«, das früher in Frankreich und in anderen südländischen, respektive romanischen Ländern als Ausdruck von Achtung gegenüber der Ehefrau oder den Eltern verwendet wurde. Und »Weib« ist ein heute etwas altertümlich wirkender Ausdruck, gebraucht in früherer Zeit für »Frau«. Mehr ist in dieser Bezeichnung nicht zu sehen.

Errico weist weiter darauf hin, dass die Hochzeitsgesellschaft auf dem Boden saß. Die Männer waren dabei in einer langen Reihe, nach Alter und gesellschaftlichem Rang geordnet. Die Frauen hingegen saßen in einem Kreis ihnen gegenüber. In der Nähe der Türe standen Bedienstete, die die Gäste versorgten. Auch Musiker waren dort platziert. Der Bräutigam stellte das Essen zur Verfügung. Die männlichen Gäste sorgten für den Wein. Auch das hatte seine genaue Ordnung. Jeder Gast war in der Rangfolge einmal an der Reihe, die Diener zu beauftragen, Wein zu besorgen. Während dieser ausgeschenkt wurde, wurde der Name der Person bekannt gemacht, die den Wein gespendet hat. Wenn man dieses Wissen über die Festordnung beizieht, weist Jesus in seiner Antwort demzufolge seine Mutter respektvoll darauf hin, dass er noch nicht an der Reihe sei, schon jetzt Wein holen zu lassen und zur Verfügung zu stellen. Er sagt in etwa: »Was hat das mit mir und dir zu tun, Frau. Meine Stunde ist noch nicht gekommen. Ich bin einfach noch nicht an der Reihe.« Das hat dann die Mutter beruhigt: »Ah, er weiß, wann er dran ist. Es ist ihm bewusst, was seine Aufgabe heute bei diesem Fest ist.« Errico fügt dann noch hinzu, dass im Nahen Osten meist die Mutter die Kasse verwaltet, wenn sie mit ihren Söhnen oder Töchtern unterwegs ist, auch wenn sie erwachsen sind. Eine Frau zu berauben gelte den dortigen Räubern als feige. Es konnten in unserem Fall also alle beruhigt sein, dass der Wein auch bezahlt wird. Jesus und seine Begleiterinnen und Begleiter waren wohl kaum von vornherein Gewähr dafür.

Die Geschichte sagt uns also – wenn wir diese kulturgeschichtlichen und sprachlichen Informationen berücksichtigen –, dass die Mutter ihren nicht immer leicht zu verstehenden Sohn schon ein Stück weit seinen eigenen Weg hat gehen lassen. Die notwendige Abgrenzung zwischen Mutter und

Sohn und Sohn und Mutter scheint gelungen. Zwischen ihnen herrscht Klarheit.

Die unterschiedliche Art, wie diese Passage der Geschichte uns ansprechen kann, zeigt, wie Sätze sich aufladen können, wie zum Beispiel der Ausspruch »Meine Stunde ist noch nicht gekommen«. Ursprünglich reine Alltagssprache wird der Satz plötzlich vieldeutig, wenn wir ihn im Verlauf einer Wundergeschichte hören. Er bekommt etwas Geheimnisvoll-Mystisches. Oder das Wort »Frau«, in älteren Übersetzungen »Weib«, bekommt zusammen mit dem Satz »Was geht das dich an, was ich tue?« einen strengen, schroffen Klang. Durch die einfache Übersetzung dieser Worte und Redewendungen geht tatsächlich erst einmal viel verloren an Nuancen und Stimmungen. Doch es geht bei diesen Texten nicht darum, wie sich etwas vor 2000 Jahren äußerlich ereignet haben mag, sondern was diese Bilder und Worte in uns aufzuwecken vermögen und was in uns hoch- und in unser Blickfeld kommt und was wir dann dadurch zu bewegen, zu bearbeiten und vor allem so zu verarbeiten haben, dass es unser Leben fruchtbar macht.

Die Kraft der Verwandlung

Können wir uns nach all diesen Ausführungen nicht sehr gut vorstellen, dass die Jünger zusammen mit diesem Jesus, der so klar und entschieden lebte, in den anwesenden Menschen ihre Not und ihre Sehnsucht anzusprechen vermochten nach einem anderen und wirklichen Leben? Es war ja nicht einfach nur eine Stimmung in ihnen, die da ausstrahlte. In ihnen war das Wesentlichste wach geworden, das, was sie ausmachte und was sie sind, mit einer Kraft, wie sie Jesus gegenüber seiner Mutter – je nachdem klar, schroff sich von ihr abgrenzend oder dann abgegrenzt und versöhnt – hatte. Um diese Kraft geht es in der ganzen Geschichte. Gelingt es uns, diese Kraft anzuzapfen und uns dank ihr zu wandeln und zu verwandeln? Veränderung genügt dabei nicht. Es wird immer wieder Menschen geben, denen auffällt, dass irgendetwas in der Art unseres Zusammenlebens und in unseren Verhältnissen nicht stimmt und deshalb geändert werden muss. Und es wird Parteien und Organisationen geben, wie es sie immer gegeben hat, die Reformen vorschlagen für das gesellschaftliche Leben. Hier geht es aber um eine Revolution. Was hat es für einen Wert, wenn wir erkennen, dass wir in einem selbst gestalteten Gefängnis sitzen, die Heizung zu verbessern oder vielleicht eine andere Kost einzuführen oder den Freigang anders zu organisieren? Mit all diesen Veränderungen und Reformen sitzen wir immer noch im Gefängnis. Galal al-din Rumi (auch Dschalal Ad Din Rumi, 1207–1273), der persische Sufi (Islamischer Mystiker) und Dichter, der bekannte Begründer des persischen Sufismus, fordert uns auf, uns wirklich ernsthaft zu fragen, warum wir, die wir in eine solch herrliche Welt hineingeboren worden sind, denn in einem Gefängnis aufwachen, das wir selbst gestaltet haben? Und zu diesem selbst gestalteten Gefängnis haben die Religionen viel beigetragen, gerade auch die Religion, die sich auf diesen Jesus aus Nazareth beruft. Ernest Kurtz, der Verfasser des Buches »The spirituality of imperfection«, deutsch »Die Spiritualität der Unvollkommenheit«, zitiert einen Satz von Rass aus einem AA-Meeting, der für mich das Gesagte aufnimmt und verdeutlicht: »Religion ist für die, die Angst haben in die Hölle zu kommen, Spiritualität für die, die dort waren.« (S. 25) C.G. Jung brachte eine ähnliche Sicht zum Ausdruck: »Eine der hauptsächlichen Funktionen der organisierten Religion besteht darin, die Leute vor einer direkten Erfahrung mit Gott zu bewahren.«

Jesus und seine Gruppe, all diese Menschen, die aus unterschiedlichsten Gründen und Motiven aus der Gesellschaft herausgefallen oder ausgestiegen sind, vermochten das neu gefundene Leben so zu leben, dass andere dies spürten. Ihre Freude darüber war ansteckend und griff über auf die Hochzeitsgesellschaft. Sie wirkten im Sinn der »ansteckenden Gesundheit«, wie ich das nenne. Und von den Hochzeitsgästen, von diesen hochzeitlichen Menschen, sind wohl etliche wach geworden. In unserem Leben geht es bei allem, was wir tun, immer wieder um dieses Wachwerden. Und dann kann dieser Wandel, diese Verwandlung einsetzen hin zu dem, was wir wirklich sind. Wir können uns »herauswickeln« aus dem, in das wir »eingewickelt« wurden und uns so »entwickeln« zu dem Eigentlichen, wie wir als Mensch gemeint sind.

… bis du dich selbst wieder lieben kannst

Um dieses Aufwachen, diesen Wandel oder diese Entwicklung anzustoßen, müssen wir auf Menschen stoßen, die uns glaubhaft zeigen, dass dies möglich ist. Bei den Anonymen Alkoholikern habe ich noch und noch erlebt, wie jemand am Boden zerstört, gezeichnet durch den Alkohol, in ein Meeting kam und es nicht fassen konnte, dass da alle diese lebendigen, freudigen und lachenden Menschen vorher genauso in einem solchen Zustand waren, wie sie oder er jetzt – und die einfach zu ihm oder ihr sagten: »Komm immer wieder. Wir werden dich so lange lieben, bis du dich wieder selbst lieben kannst.« Und durch diese Art von Zuwendung wurde in diesen hilflosen, verzweifelten Menschen eine Hoffnung wach, »instant hope«, sofortige Hoffnung. Ist es denn nicht das Ziel unseres Menschseins, uns selbst lieben zu können, ungeachtet dessen, was andere über uns denken und so vielleicht unsere Meinung über uns nachteilig beeinflussen? Das ist etwas von dem, was Jesus mit seinen Begleiterinnen und Begleitern in dieser Hochzeitsgesellschaft auf so großartige Weise ausgelöst haben muss, ohne dass sie ahnten, was da auf sie zukommt. Sie brauchten sich nicht mehr länger zu besaufen, um über ihre trostlose Situation, nämlich unter einer Besatzung leben zu müssen, hinwegzukommen, oder wegen ihres Lebens, das sie nicht zu gestalten wussten, wie sie es im Tiefsten ersehnten. Es wurde im Gegenteil sofort Hoffnung in ihnen wach.

Köstlicher als Wein

Jesus hatte offenbar gar keinen Wein besorgt. Er brauchte ihn nicht. Wasser reichte ihm, frisches, lebendiges, klares, kaltes, sauberes Wasser. Von dem ließ er, als er an der Reihe war, aus diesen großen Wasserkrügen schöpfen und kredenzen. Der Oberschenk als Leiter des Hochzeitsfestes bekam davon vermutlich als Erster. Und es war köstlich. Jedenfalls rief er den Bräutigam zu sich und sagte vorwurfsvoll zu ihm: »Jedermann setzt zuerst den guten Wein vor, und wenn sie berauscht sind, den geringeren – du hast den guten Wein bis jetzt aufbewahrt.« Wir müssen uns hier nochmals vorstellen und mit dem inneren Auge zu sehen versuchen, was da in den Tagen des Festes alles vor sich gegangen ist. Der Oberschenk war schlicht ergriffen davon, was dieser Jesus und seine Leute bewirkten und was in diesen Tagen Wirklichkeit wurde. Er hatte bemerkt, dass das Leben noch etwas ganz anderes bietet als das, was man sonst als Lebensgenuss kennt und vielleicht auch zu schätzen vermag. Es war wohl gut so, dass Jesus so lange warten musste, sonst hätte sein Dasein unter den Hochzeitsgästen nicht diesen Effekt haben können. Der vorwurfsvolle Satz des Oberschenks bringt all das, was da zwischen und in den Menschen in diesen Tagen geschehen ist, zum

Ausdruck. Er gibt dem Ergriffensein der Hochzeitsgesellschaft seine Stimme: » ... du hast den guten Wein bis jetzt aufbewahrt.« Das heißt damals und heißt es noch heute für uns: Warum mussten wir so lange warten, bis endlich das serviert wird, was wir wirklich im Leben brauchen und unseren Durst löscht? Warum wurde das so lange zurückgehalten, vielleicht uns vorenthalten, was uns Klarheit, Eindeutigkeit, Sauberkeit und köstliches Leben schenkt? Aber jetzt ist es da. Wir müssen uns nichts mehr vormachen. Jetzt wissen wir. Jetzt kosten wir es. Jetzt kosten wir es aus. In dieser neu gewonnenen, überschäumenden Lebensfreude, die sie empfunden haben, konnten sie die Köstlichkeit des Lebens anders schmecken. Die Wandlung, die sie erfahren haben, verwandelte ihre Wahrnehmung. Aus der Not heraus, der sie entrinnen konnten, haben sie das Wasser, das kalte Quellwasser als das Köstlichste empfunden, was es überhaupt gibt, so köstlich wie der beste Wein. Oder noch köstlicher als jeder Wein, herrlich sprudelndes Lebenswasser.

Was sich hier ereignet hat, ist das großartigste Wunder. Und bis zum heutigen Tag sehnen wir Menschen uns danach, dass sich das unter uns nochmals ereignen möchte. Und wenn es nur in einer ganz besonderen Stunde sein mag, in der wir das Leben so richtig zelebrieren dürfen.

Ein kleines Stück Käse und ein fades Stück Brot?

Für das Folgende greife ich weit zurück ins Jahr 1945. Ich möchte einfach noch von einem Erlebnis berichten, das zu diesem großartigen Wunder passt. In jenem Jahr kam ich aus der Kriegsgefangenschaft zurück. Meine Familie und ich mussten nach der Vernichtung von Würzburg in unser Gartenhaus flüchten. Wir hatten natürlich keinen Strom dort. Wir hatten auch kein Wasser. Wir mussten es etwa fünf Kilometer entfernt in Eimern von einer Quelle holen. Eines Tages stand unsere Mutter etwa acht Stunden in einer langen Schlange an. Man stand damals immer in einer Schlange, weil man wusste, dort, wo sich eine Schlange bildete, da gab es dann irgendwann auch irgendetwas. Meine Mutter bekam schließlich ein kleines Stück Schweizer Käse. Es war wirklich ein sehr kleines Stück. Damit kam sie auf den Berg ins Gartenhaus, wo meine Großmutter, mein Neffe und ich wohnten. Wir haben dieses kleine Stück Käse mit den paar Stückchen Brot, die mein Neffe bei den Amerikanern erbettelt hatte, wie ein Abendmahl zu uns genommen. Nie mehr im Leben und noch nie zuvor hat uns Käse so gut geschmeckt. Und dieses fade amerikanische Brot war wie der köstlichste Kuchen. Das wollte ich aus meinem Leben noch »kredenzen«, ergänzend zu der Geschichte von der Hochzeit von Kana. Dass uns das geschenkt wurde, war eines der wunderbarsten Erlebnisse, das uns im zerstörten Würzburg zusammen vergönnt war.

Das Ursprüngliche im Leben wieder finden

Ergänzend sei hier noch ein Gedankengang von Elias Chacour beigefügt. Er schreibt in seinem schon erwähnten Buch auch über die Seligpreisungen. Und er stellt fest, dass er sie so, wie sie uns aus dem Griechischen übersetzt bekannt sind, nicht predigen könnte. Da heißt es zum Beispiel: »Selig sind, die geistlich arm sind, denn ihrer ist das Himmelreich.« Oder: »Selig sind die Leidtragenden, sie werden getröstet werden.« Oder dann: »Selig sind, die da hungern und dürsten nach Gerechtigkeit, denn sie sollen satt werden.« »Selig sind die Friedfertigen, denn sie werden Kinder Gottes heißen.« »Selig sind, die um der Gerechtigkeit willen verfolgt werden, denn ihrer ist das Himmelreich.« Und er sagt, wenn ich das so meinen Leuten in Palästina in den Flüchtlingslagern predige, gehen sie auf die Barrikaden. Mit Recht. Sie sagen: »Sag mal, bist du wahnsinnig? Spinnst du?« Und dann hat er nachgesehen, was im Aramäischen für »selig sind« steht. Und er ist darauf gekommen, dass man diesen Eingangsteil der Seligpreisungen ganz anders übersetzen muss. Es muss am Anfang jeder Seligpreisung heißen: »Auf geht's.« »Tut was.« »Bewegt euch.« »Rührt euch.« Die Seligpreisung mit dem Aufruf zum Frieden heißt dann: »Geh voran und tu etwas für den Frieden, dann sollst du Kind Gottes genannt werden.« Und die Seligpreisungen über die Leidtragenden: »Beweg dich, ganz gleich, auch wenn du gerade jetzt leiden musst. Und du wirst getröstet werden.« Mit anderen Worten gesagt, werden wir zu unserer Lebendigkeit und zum Lebendigwerden aufgefordert und es ist verkehrt zu glauben, alles werde uns einfach so geschenkt und komme auf uns herab. Wir müssen uns bewegen. Wir müssen etwas miteinander tun, sonst geht das Leben mit all dem, was es anrichtet, einfach immer so weiter. Als ich das gelesen habe, ist mir das Herz aufgegangen. Wenn wir das Ursprüngliche, das uns im Leben geschenkt ist, wieder finden und gewinnen, dann wird das Leben köstlich und in einem richtigen Sinn selig zu preisen sein.

An den Schluss dieser Geschichte der Verwandlung seien Worte des Aufrufs von Elias Chacour gestellt, die er im Glauben, dass dies auch die Worte seines Bruders Jesus sein könnten, zum Wahnsinn dessen, was sich in Palästina abspielt, formuliert hat:

Macht eure Hände dreckig, eine menschliche Gemeinschaft zu schaffen für Menschen; wenn dies nicht geschieht, werden andere weitermachen die Armen, die Unbedeutenden, die Schwachen zu quälen und zu morden.

Kapitel 9

HÖR AUF, DICH SELBST ZU ZERSTÖREN!

Über die Anweisung, sich die Hand, die Ärgernis bereitet, abzuhacken

»It's a beautiful day to die« (Es ist ein wunderbarer Tag zu sterben)

Dies sagte ein alter Indianer an einem Tag, der ihn ganz erfüllte. Er erlebte wohl, wie wunderbar satt er war an Leben. Es gab für ihn in diesem Moment nichts mehr, was fehlte, keinen Mangel. In einem solchen Augenblick ist das Leben ganz. Man hat alles und kann darum auch alles loslassen. Man ist ganz frei. Darum wohl kam dieser Mann zu dieser Überzeugung, an einem solchen Tag könnte man glücklich sterben. Es täte uns und unserer Welt nur gut, könnten wir uns mindestens einmal am Tag so ganz satt erleben. Und dazu müssten wir uns gegenseitig helfen.

Der Unterschied von Himmel und Hölle

Es gibt diese schöne, kleine Geschichte über den Unterschied von Himmel und Hölle. Dieser Unterschied an diesen vorgestellten Orten ist nämlich überhaupt nicht so groß, wie wir uns das oft vorstellen. Im Himmel gibt es zu essen und zu trinken in Hülle und Fülle. Das überrascht uns ja wohl kaum. Bei den Mahlzeiten jedoch gibt es zum Essen etwas eigenartige Löffel. Die haben ganz, ganz lange Stiele. Und die Menschen sitzen beieinander, je einer einem anderen gegenüber. Und mit diesen langstieligen Löffeln füttert jeder und jede sein Gegenüber. Und so bekommen alle von den anderen, was sie brauchen, und werden satt.

In der Hölle gibt's dasselbe: Essen in Hülle und Fülle. Es sieht von daher gar nicht anders aus als im Himmel. Das überrascht uns schon eher. Und auch die Löffel gibt es mit den ganz, ganz langen Stielen. Nur dort hat keiner begriffen, dass jeder jeden füttern könnte, um satt zu werden. In der Hölle versucht jeder und jede mit dem ganz langen Löffel das Essen in den eigenen Mund zu bringen. Aber es geht nicht, auch nicht mit den komischsten Verrenkungen, sich selber zu füttern und satt zu werden. Sie können sich nichts einverleiben, obwohl alles direkt vor ihnen steht. Es ist zum Verzweifeln.

Das ist der Unterschied zwischen Himmel und Hölle. Einer der Unterschiede. Es gibt dann wohl noch ein paar andere.

Die Bibel wörtlich oder ernst nehmen

Auf den biblischen Text, dem wir uns auf den folgenden Seiten zuwenden wollen, bin ich bei Anthony de Mello, dem bekannten indischen Autor und Jesuitenpater gestoßen. Es ist einer der Texte, die gründlich missverstanden wurden und auch heute noch missverstanden werden. In diesem Text geht es darum, dass wir uns das Auge ausreißen sollen, wenn es uns ärgert, und die Hand abschlagen, die Dinge tut, die wir nicht haben wollen. Pinchas und Ruth Lapide, das jüdische Bibel-Gelehrtenpaar, warnte eindrücklich davor, biblische Texte unbesehen einfach vom Wortsinn her zu übernehmen. Sie brachten ihre Erkenntnis und Erfahrung im Umgang mit der Bibel folgendermaßen auf den Punkt: Wir können die Bibel *wörtlich* nehmen. Wir können sie aber auch *ernst* nehmen. Der folgende Bibeltext ist neben vielen anderen, die wörtlich genommen wurden, einer, der sehr viel Unheil stiftete. Er führte zu Missbrauch von Menschen sich selber gegenüber und zu Missbrauch von anderen. Es stimmt zwar, dass alle Menschen in ihrem Aufwachsen und im Laufe ihrer so genannten Erziehung auch missbraucht werden. Es wird uns von vielen Seiten vieles angehängt, das nicht zu uns gehört und das wir gar nicht in der Lage sind, in uns als Eigenes aufzunehmen. So haben alle mehr oder weniger ihre Geschichte des Missbrauchs. Der geistige, der spirituelle Missbrauch jedoch ist der schlimmste. Aus ihm können alle anderen Formen des Missbrauchs folgen. In ihm liegt die tiefe Wurzel aller weiteren Missbrauchshandlungen. Wir werden darum im Folgenden auch auf Beispiele hinzuweisen haben, wohin dieser zunächst grausig anmutende Bibeltext führen kann, wenn man ihn, wie man meint, im tiefsten Glauben wörtlich nimmt. Für uns selber aber ist es gut, biblische Geschichten im Herzen zu bewegen. Das ist der beste Ort dafür. Das Hirn, vor allem wenn es sich um das Linkshirn, den Intellekt, handelt, eignet sich dafür am wenigsten. Ja, damit das Gottes-Wort wirklich *Gottes* Wort wird, reicht es nicht, es mit einigen Resten da oben im Kopf verstehen zu wollen. Matthew Fox empfiehlt, dass wir in die Lage kommen müssten, diese Geschichten und Texte ganz plastisch mit unserem ganzen Körper zu erleben. Wenn wir die Botschaft dieses

Meisters aus Nazareth singend, stampfend, lachend und springend erfahren, dann hat sie die Chance, unser ganzes menschliches Sein zu bewegen.

Wer einen dieser Kleinen verführt ...

Markus-Evangelium 9,42–50 nach der Übersetzung von Fridolin Stier

Doch wer einen dieser Kleinen, die an mich glauben, verführt, gut ist es für den eher, wenn ein Eselsmühlstein um seinen Hals gelegt und er ins Meer (gemeint ist das galiläische Meer, der See Genezareth) geworfen worden wäre.

Und wenn deine Hand dich verführt, hau sie ab. Besser ist es, du gehst verkrüppelt ins ewige Leben ein, als dass du mit beiden Händen abgehst in die Hölle ins Feuer, das unauslöschliche, wo ihr Wurm nicht stirbt und das Feuer nicht erlischt.

Und wenn dein Fuß dich verführt, hau ihn ab. Besser ist es, du gehst ins ewige Leben hinkend ein, als dass du mit beiden Füßen in die Hölle geworfen wirst, wo ihr Wurm nicht stirbt und das Feuer nicht erlischt.

Und wo dein Auge dich verführt, reiß es aus. Besser ist es, du gehst einäugig in das Königtum Gottes ein, als dass du mit zwei Augen in die Hölle geworfen wirst, wo ihr Wurm nicht stirbt und das Feuer nicht erlischt.

(Die letzten, jeweils gleich lautenden Formulierungen stammen aus dem Propheten Jesaja.)

Jeder nämlich wird mit Feuer gesalzen werden. Gut ist das Salz. Wenn aber das Salz unsalzig wird, womit wollt ihr es denn würzen? Habt in euch selbst Salz. Und Frieden haltet untereinander.

Wenn man zum ersten Mal auf diesen Text aus der Bibel stößt, wird man sich fragen: Was soll ich denn nun damit anfangen? Was soll ich mich anstrengen, den überhaupt zu verstehen? Das ist einfach ein grausiger Text! Und das soll Gottes Wort sein? Wir lassen diese Frage einmal stehen, in uns ruhen. Und nehmen sie so mit in den folgenden Zwischenschritt. Anschließend kehren wir sowohl zur Frage wie zum Text zurück.

Die biblische Botschaft mit dem ganzen Körper erfahren – vier Begegnungen

An einer Stelle im Testament heißt es, wir sollen – gerade was Pfingsten mit der Ausgießung des feurigen Geistes und der Erfahrung eines belebenden, frischen Windes betrifft – uns davon inspirieren lassen, wie junge Kälber zu springen. Übrigens eine weitere schöne Illustration für unsere »nüchterne Trunkenheit«. Das kommt dem ganz nahe, was Matthew Fox empfiehlt, nämlich die Botschaft dieses Jesus und dieser biblischen Texte mit dem ganzen Körper zu erfahren.

Erste Begegnung: Klatschen zur Ehre Gottes

Ich erinnere mich da gerne an die Erlebnisse und Episoden mit dem außergewöhnlichen katholischen Priester in Bad Herrenalb zu Zeiten, als ich dort die sozio-psychosomatische Klinik in der Kullenmühle leitete. Es war eine Wonne, als ich ihn, Otto Strubbe, damals traf. Das heißt vielmehr ist der Mann zu uns gekommen. Er kam gewissermaßen vom Berg herunter, von Sankt Bernhard, in die Tiefen der Kullenmühle. Er ließ sich ohne Angst auf all den menschlichen Sumpf ein, der mit all den Menschen in unserer Klinik mitkam. Wir haben dann zusammengearbeitet und er war bald wie einer von uns: unser Otto. In der Klinik kannten sich nämlich alle nur beim Vornamen, ob er oder sie Gast oder Gästin war, wie wir die Patienten nannten, oder Mitarbeitende in der Küche und im Haus oder Ärzte und Ärztinnen, Therapeuten und Therapeutinnen. Am Sonntag zog bald einmal ein ganzer Schwarm zu seiner Kirche hinauf, sich ganz selbstverständlich bei den Händen haltend, wie sich das in unserer Klinik als Ausdruck von Nähe und Gemeinsamkeit entwickelt hatte. Da hielten sich also Männer und Männer bei den Händen. Da kann man sich schon einiges dabei denken! Und Frauen hielten Frauen. Und bei Händchen haltenden Männern und Frauen kann man sich auch einiges denken. Und diese unsere Leute aus der Klinik hatten dann meist die linke Seite oder die rechte Seite des Kirchenschiffes besetzt, sodass für die »wirklichen« katholischen Gläubigen manchmal kaum noch Platz war. Unser Otto predigte so richtig aus dem Bauch heraus. Und den sah man auch tatsächlich unter seinem Habit, er hat ihn nicht verborgen gehalten. Man dachte immer, er sei im neunten Monat, aber er war voll des Geistes. Als er das erste Mal, als wir in der Kirche versammelt waren, zum Schluss gekommen war, da hat unsere »Gemeinde von der Kullenmühle« geklatscht. Ich war völlig entsetzt. Ich gehöre noch zu der älteren Generation, und in den Kirchen, in die ich sonst hinging und hingeführt wurde, wurde nie geklatscht. Und meist ging es auch eher traurig zu, trotz aller Frohbotschaft, deren frohmachende Verkündigung eigentlich doch der Auftrag gewesen wäre. Ich habe mich dann bei Otto sofort entschuldigt. Da sagte dieser Otto zu mir: »Du musst dich nicht entschuldigen, das ist zu Gottes Ehren. Dazu haben alle geklatscht.« Da war ich wieder beruhigt.

Zweite Begegnung: Springen wie junge Kälber oder: Über geistige Zusammenarbeit

Einmal zu Pfingsten kam ich mit den letzten Briefen, die noch am Pfingstsamstag weggehen sollten, zum Postamt. Und Otto kam auch mit einer Hand voll Briefe. Wir trafen uns. Und wir umarmten uns. Das ist ja auch für Bad Herrenalb etwas Ungewöhnliches, wenn zwei Männer sich umarmen. Es war ein strahlender Tag. Und warm. Das frische Grün sprießte heraus und die Forsythien und all die anderen Blüten. Wir waren in dieser pfingstlichen Stimmung und da sagte ich zu Otto: »Du Otto, weißt du, wir müssten jetzt wie die jungen Kälber springen.« Und wir gaben uns diesem Gedanken hin und machten auch die entsprechenden Bewegungen auf dem Parkplatz. Wir glaubten uns völlig unbeobachtet. Wer achtet denn noch darauf, wer ihn beobachtet, wenn er in einer solchen Stimmung ist. Da ist alles völlig unwichtig. Ich werde diese Begegnung nie vergessen. Und dann geschah Folgendes: Am Pfingstmontagnachmittag hatte ich eine meiner so genannten »Bibelstunden« in der Klinik zu halten. Und ich sagte: »Bevor ich anfange, muss ich euch etwas erzählen, ein Erlebnis, das toll war. Ich kam am Pfingstsamstag mit meiner Post auf den Parkplatz am Postamt. Und da traf ich Otto. Der kam auch mit seiner Post. Und wir trafen uns ...« Da lachten alle meine Zuhörer und Zuhörerinnen. Ich sagte: »Ja, was gibt es denn da zu lachen, wenn zwei Männer sich mit der Post treffen?« Und ich fuhr weiter: »Und wir ergötzten uns an diesem strahlenden Tag und wir sagten uns: › Das ist wirklich wahre Pfingstfreude, die wir da erleben. Da müssten wir eigentlich tanzen und springen wie Kälblein, wie die heilige Schrift es sagt.‹ « Und da lachten wieder alle. Des Rätsels Lösung war: Otto hatte das morgens genauso in der Kirche erzählt. Das war die Zusammenarbeit zwischen uns in der Klinik und dieser katholischen

Pfarrei, diese Zusammenarbeit im Geist und auch in diesen ganzen Bewegungen, zu denen wir fähig waren. Nur wer bewegt wurde, kann andere bewegen. Nur wer berührt wurde, kann andere berühren. Anders ist es nicht. Und dann sollten wir uns aber auch nicht selbst hindern, andere zu berühren, wenn wir einmal berührt worden sind.

Dritte Begegnung: »Ich heiße Ferdinand. Ich bin Alkoholiker.«

Ich möchte noch von einer weiteren Episode erzählen, die zeigt, was so alles an Bewegtem zwischen uns und dieser Kirche St. Bernhard passiert ist. Wir haben diese Gemeinde durchaus öfter einmal durcheinander gebracht und zwar in gutem Glauben und auch in einem guten Geist, wie wir es empfanden. Im Grunde genommen waren allerdings die da oben dann doch alle froh, als Otto später versetzt wurde. Man hatte ihn zu Höherem berufen: Er ist Krankenheimseelsorger geworden. Ich weiß nicht, ob das ein Auf- oder ein Abstieg ist. Auf jeden Fall ist er dafür sehr geeignet gewesen. Unsere Klinik sollte dann auch Ende 1988 in der bisherigen Art nicht mehr weitergeführt werden. Ein neuer Chefarzt hatte die Leitung übernommen und es wurde von ihm erwartet, dass er mit einem völlig anderen Konzept arbeitet und mit den »Herrenalbereien« aufhört. Wider Erwarten ist dann nach einiger Zeit das Wesentliche an Erfahrung, das in der Klinik in der Kullenmühle Ereignis wurde, an einem neuen Standort wieder zum Leben erwacht und hat sich durchzusetzen begonnen.

Was war das jetzt aber für eine Episode? Wir hatten für einige Zeit einen katholischen Priester als Gast (Patient) bei uns in der Klinik, der hieß Ferdinand. Er durfte als katholischer Priester an jenem Pfingstmontag, der in die Zeit seines Klinikaufenthaltes fiel, in St. Bernhard die Messe lesen. Ich muss noch erwähnen, dass er wegen seines Alkoholismus' bei uns war. Er war also wirklich ganz spirituell, ein ganz vergeistigter Geistlicher sozusagen. Alles, was in der Klinik laufen konnte, gleichgültig ob Katholiken, Protestanten (und die anderen Tanten), Agnostiker und Atheisten, alle wollten unseren Ferdinand bei der Messe sehen. Der Gottesdienst begann. Und da kam Ferdinand aus der Sakristei in diesem wunderbaren Ornat, wie es an Pfingsten eben Brauch ist. Aber wir erkannten ihn kaum wieder. Er lief bei uns schließlich nur in Jeans rum und im Hemd. Und jetzt kam er heraus und kniete – wie es Sitte ist – am Altar nieder, faltete die Hände, erhob sich dann, drehte sich um und trat vor die Gemeinde. Ich saß in der ersten Reihe. Er trat also vor die Gemeinde, breitete die Arme aus – es sah wirklich schön aus mit dem Ornat – und sagte dann: »Mein Name ist Ferdinand. Ich bin Alkoholiker.« Und alle aus der Klinik riefen wie aus einem Mund, wie es in den Meetings und der Klinik Brauch war: »Hi, Ferdinand.« Und brachten damit zum Ausdruck: »Ja, Ferdinand, wir haben dich wahrgenommen.« Es ist für andere kaum vorstellbar, was da in mir vorging. Ich war zum Glück in einer guten Verfassung. Ich musste schließlich ständig auf den guten Ruf der Klinik und meinen eigenen Ruf bedacht sein, und ich kannte ja die Kirchenmitglieder, die richtigen, katholischen Gläubigen, die sich theologisch als eine Versammlung von Heiligen zu verstehen haben! Ich wollte am liebsten in den Boden versinken. Aber da tat sich nichts auf, gar nichts, auch die Hölle nicht! Ich musste sitzen bleiben. Ich musste durchhalten. Gebeugten Hauptes ging ich dann hinaus aus der Kirche. Ich habe dann 20 D-Mark, damals war das noch viel Geld, in das Körbchen gelegt. Ich traute mich die Dame, die es mir hinhielt, gar nicht anzuschauen.

Das ist auch Pfingsten! Ist es nicht nahezu unbegreiflich, dass dieser Priester, Ferdinand, so identisch mit sich war, dass er auch in seiner Rolle als Priester nicht anders konnte, als das zu tun, was für ihn in der Klinik selbstverständlich war: sich zu bekennen und damit sich zu erinnern, was seine Lebensgeschichte prägte. Und dass es nicht darum ging, sich ewig mit seiner Sucht, seinem Alkoholismus zu befassen, sondern darum, dieses Wissen und dieses Erleben nie zu verlieren, nämlich durch welche Not, welche Hölle er gegangen ist und welches neue Leben er dadurch gefunden hat, welches neue Leben ihm geschenkt worden ist. Dieses Erleben ist geistgewirkt, spirituell. Pfingsterfahrungen ereignen sich nicht nur an diesem einen Festtag im Jahr, wo wir uns an dieses erste Pfingsten, wie es in der Bibel beschrieben ist, erinnern. Pfingsten kann an jedem Tag und an allen Orten sein.

Vierte Begegnung: Eine Umarmung, die gut tat

Es war wiederum an einem Pfingsttag. Der Gospel-Chor »The Martin Luther King Singers« war zu uns aus Frankfurt gekommen. Und der gute Otto, arglos wie er war, hatte zugesagt, dass sie in St. Bernhard im großen Gottesdienst am Sonntagvormittag singen durften. Und da kamen nun diese schwarzen Männer und Frauen in diesen großartigen grünen Talars mit den goldenen Borten und goldenem Besatz. Der einzige Weiße, der mitsang, war Ulrich, der uns diesen Chor auch vermittelt hatte. Dann kamen sie aus der Sakristei heraus. Links vom Altar stand ein Klavier. Und eine sehr hübsche Schwarze setzte sich hin und griff in die Tasten. Und da ging's los mit diesen hinreißenden Melodien, den Gospels. Die Sängerinnen und Sänger waren nicht mehr zu bremsen. Und unsere Leute fingen begeistert an zu klatschen, wie man es ja auch in amerikanischen Kirchen erlebt. Und genauso wie dort, wurde von den Singers immer wieder in die Songs hineingerufen: »Amen«, »Halleluja« usw. Otto, vorne am Altar, drehte sich um und nickte seiner Gemeinde zu. Und eine Dame, die ich sehr schätzte, von der Kirchengemeindeverwaltung, mit Hut und kleinem Schleier, schaute zu mir herüber. Und dann fing auch sie an zu klatschen – nicht so laut, denn sie wollte schließlich nicht stören. Und ich kann nur sagen: Es war der Teufel los in der Kirche. Die Chorleiterin hat am Schluss dann Otto umarmt. Und Otto hat gesagt: »Oh, tut das gut.« So ein Leben kann hereinkommen in eine Gemeinde, in eine Kirche! Und das ist wirklich der Geist, der da lebendig macht. Ich bin nach der Messe aus der Kirche gegangen und habe bei mir gedacht: Bei den »eingeborenen« Katholiken haben wir es jetzt verloren – endgültig. Wieder stand die Frau mit dem Körbchen da, ich wieder mit meinen 20 D-Mark. Und dann hat sie den Kopf etwas nach vorn geneigt und hat gesagt: »Gell, schön ist's gewesen.« Also, wir haben doch nicht ganz verspielt gehabt.

Wörtlicher Missbrauch

Nach der Erzählung dieser Geschehnisse in der Kirche St. Bernhard, die etwas von der lebendigen Kraft durchscheinen lassen, die in biblischen Geschichten und den Worten und Taten dieses Zimmermannssohnes Jesus wahrgenommen werden wollen, kehren wir zu unserem zunächst einmal grausig wirkenden Text zurück. Eine der bekanntesten Persönlichkeiten, die dieses drastische Wort in ihrem tiefen Glauben wörtlich genommen hat, das war Origenes, einer der ganz bekannten Kirchenväter. Er hat sich, weil er diesen Text wörtlich genommen hat, entmannt. Man muss sich das einmal vorstellen! Musste da nicht eine unendlich große Not und gleichzeitig eine unendlich große Sehnsucht in ihm gewesen sein, dass er zu dieser Tat fähig war, von der er sich Befreiung versprach? Viele von uns kennen wohl auch solch tiefe Momente der Verzweiflung, diese tiefen Nächte, von denen wir glaubten, sie hörten überhaupt nicht mehr auf, als wir zu allem fähig gewesen wären, nur um aus diesem grauenhaften Zustand der Verzweiflung herauszukommen. Vermutlich ist es gar nicht so weit weg von dem, was Origenes tat oder was ihm geschah. Und deswegen hat es mich auch so berührt, als ich wieder neu las, was Origenes, dieser Kirchenvater, tun musste. Demetrius, sein Bischof, hat ihm dafür höchste Hochachtung gezollt! Das ist dieses unglaubliche Missverständnis, nämlich diese Worte, diese so genannte heilige Schrift, wörtlich zu nehmen und sie nicht mithilfe unseres eigenen Erlebens zu übersetzen! Das hat sich durch die Jahrhunderte gezogen und durch die ganze Kirchengeschichte. Wir, unsere Vorfahren, alle, die zu unserer eigenen Geschichte gehören, haben dann Menschen, die dem Buchstabenglauben *nicht* folgten und die Bibel *nicht* wörtlich nehmen konnten, sondern sie umso mehr ernst nahmen, als Ketzer mit Stumpf und Stil ausgerottet. Das heißt, es wurde an ihnen gemäß dem Wort wörtlich gehandelt: Es ist besser, dass einer stirbt, als dass er verdorben in die Hölle kommt. Man hat hier »Augen ausgerissen« und »Hände abgehackt«, meist in Form von Verbrennen auf dem Scheiterhaufen, und das Jahrhunderte lang bis zum Anfang des 19. Jahrhunderts.

Noch 1775 ist in Russland eine Sekte entstanden, die die Entmannung in ihrem Glaubensbegehren ernst nahm. Man nennt solche Gruppierungen Sekte, weil sie abgetrennt sind von der offiziellen Kirche. Es war ein gewisser Selivanow, der seine Anhänger zur Entmannung mit einem glühenden Eisen aufforderte und es selbst auch bei sich durchführte. Die Frauen hatten sich mit diesen glühenden Eisen die Brüste abzuschneiden! Die Sekte nannte sich Skopsen. »Skopec« heißt »Kastrat«. Schließlich steht in der Bibel es sei besser, ein Kastrat zu sein, als schuldig, als sündhaft zu werden. So weit zur wörtlichen Auslegung biblischer Texte.

Warum begreifen wir es nicht?

So ist es weitergegangen. Wir haben in unseren christlichen Ländern als Christen andere Christen, die uns gestört haben auf unserem Weg, umgebracht. Ich wurde mit 18 Jahren in den Krieg geschickt, und auf meinem Koppel stand: »Gott mit uns.« Und so ist es immer weitergegangen. Können wir uns, wenn wir mit unserem lebendigen Innern im Kontakt sind, tatsächlich vorstellen, dass das der Meister aus Nazareth wollte?

Leider gibt es auch in anderen Kulturen und Religionen solche Praktiken. In islamischen Ländern, wo das Gesetz des Koran als Staatsgesetz gilt, wird Dieben die Hand abgeschlagen und anderen Delinquenten durchaus auch der Fuß abgetrennt. Heute wird dies manchmal unter Narkose durchgeführt. Obwohl inzwischen etwas abgemildert, ist es immer noch dieselbe Prozedur. Man geht also an die Hand und man geht an den Fuß und trennt sie ab, zur Strafe wegen einer Missetat.

Ein anderes Beispiel: Hunderte Millionen von kleinen Mädchen werden jährlich in den islamischen Ländern an ihren Genitalien brutal verstümmelt. Mohammed, ihr größter Prophet und Verfasser des Korans, hat dies nie gefordert. Es gibt überhaupt keine Quellen für dieses Gesetz, denn der Islam ist eine Religion, dessen Anliegen wie das von anderen Religionen ist: voller Liebe zu sein und daraus zu leben. Der Islam ist eine der monotheistischen Religionen, wie die jüdische und die christliche, deren oberstes Gebot die Liebe ist.

Aber Millionen von Menschen auf dieser Welt begreifen dies nicht. Es erfasst ihr Erleben nicht. Und wir können uns tatsächlich fragen, warum begreifen wir nicht?

Halten wir uns auch noch vor Augen, dass es in vielen christlichen Ländern, auch in den USA, einem besonders christlichen Land, noch die Todesstrafe gibt. Und so morden Christen andere Menschen, Christen und Nichtchristen, mit dem selbst geschaffenen Recht, indem sie erhängen, den Kopf abschlagen, niederspritzen, vergasen oder erschießen oder auf den elektrischen Stuhl setzen, und alle meinen, dadurch werde Unrecht aus der Welt geschafft! Das widerspricht nun ganz und gar den Worten des Meisters aus Nazareth, wenn er zum Beispiel sagt: »Schon wenn ihr zu eurem Bruder › racha‹ sagt (ein Ausdruck der Verachtung) , dann seid ihr des Todes schuldig« (Matthäus-Evangelium 5,22). Er brachte damit zum Ausdruck: Glaubt nicht, dass nur derjenige, der einen anderen umbringt, sich schuldig macht, sondern auch das, was ihr in eurem Herzen an dunkler Gesinnung bewegt, das ist es, was euch letzten Endes schuldig machen kann.

Die gesegnete Stadt

Dieses Wort von Jesus aus der Bibelstelle vom Ausreißen des Auges und Abhacken von Hand und Fuß hat Khalil Gibran 1946 in seinem Buch »Der Narr« eine Geschichte schreiben lassen:

In meiner Jugend erzählte man mir von einer Stadt, wo jedermann nach der heiligen Schrift lebte. Da sagte ich: Ich will diese gesegnete Stadt suchen. Es war weit dorthin. Und ich traf große Vorbereitungen für meine Reise. Nach vierzig Tagen erblickte ich mein Ziel und am 41. Tag betrat ich die Stadt. Und siehe, alle Bewohner hatten nur ein Auge und nur eine Hand. Ich war überrascht und dachte bei mir: Sollten gerade jene in dieser so heiligen Stadt nur ein Auge und nur eine Hand haben? Dann sah ich, dass auch sie erstaunt waren und sich über meine beiden Hände und meine beiden Augen wunderten. Während sie so sprachen, trat ich auf sie zu und fragte: Ist dies die gesegnete Stadt, wo jedermann nach der heiligen Schrift lebt? Sie antworteten mir: Ja, sie ist es. Aber was, fragte ich weiter, ist euch denn zugestoßen? Und wo sind eure rechten Augen und eure rechten Hände? Da ging eine Bewegung durch die Menge und sie sagten: Komm und sieh. Dann führten sie mich in die Mitte der Stadt zum Tempel. Darin sah ich eine große Zahl verwester Hände und Augen liegen. Erschrocken fragte ich: Welcher Eroberer verbrachte solche Gräueltat an euch?

Wahnsinnig nicht, etwas anderes konnte er ja gar nicht denken: Welcher Eroberer verbrachte solche Gräueltat an euch?

Wieder ging ein Raunen durch die Menge. Ein Ältester trat vor und sprach: Das haben wir selbst getan. Gott machte uns zum Sieger über das Böse, das in uns wohnte. Darauf führte er mich zum Hochaltar. Alle folgten uns und er zeigte mir eine in Stein gehauene Inschrift und da las ich: Wenn dein rechtes Auge dir zum Stein des Anstoßes wird, dann reiß es aus und wirf es von dir. Denn es ist besser für dich, eines deiner Glieder zu verlieren, als dass dein ganzer Leib der Hölle vorgeworfen werde. Und wenn deine rechte Hand dir zum Stein des Anstoßes wird, dann haue sie ab und wirf sie von dir, denn es ist besser für dich, eines deiner Glieder zu verlieren, als dass dein ganzer Leib der Hölle vorgeworfen werde. Da verstand ich. Ich wandte mich der Menge zu und rief: Hat kein Mann und keine Frau unter euch zwei Augen und zwei Hände? Sie antworteten: Nein, kein einziger. Keiner ist ganz, außer jene, die noch zu jung sind, um das Gebot der Schrift zu verstehen.

Als wir aus dem Tempel herauskamen, verließ ich augenblicklich jene gesegnete Stadt, denn ich war nicht mehr zu jung, um das Gebot der Schrift zu verstehen.

Khalil Gibran (2004, S. 42 ff.)

Verführt die Kleinen nicht!

Da kann man sich nur noch fragen, welch blutrünstiger Dämon dieser Gott sein muss. Aber so steht es ja in der heiligen Schrift! Beachten wir, unser Text fängt so an: »Doch wer einen dieser Kleinen, die an mich glauben, verführt, gut ist es für den eher, wenn ein Eselsmühlstein um seinen Hals gelegt und er ins Meer geworfen worden wäre.« Wer sind denn die Kleinen? Sind es nicht alle diejenigen, die noch nicht selbstständig für sich entscheiden können, die unsere Unterstützung und unsere Führung brauchen? Sind es nicht diejenigen, die sich in Abhängigkeiten jedwelcher Art verstrickt haben und nichts notwendiger brauchen, als Menschen, die dasselbe erlebt und aus den Verstrickungen herausgefunden haben und um einen Weg wissen, der in die Freiheit führt? Sind es nicht diejenigen, die es einfach nicht glauben können, dass sie nur deshalb zu lieben sind und sich selber lieben dürfen, weil sie auf dieser Welt sind als Menschen? Die zu verführen – das heißt, sie in ihren verschiedensten Abhängigkeiten und Mängeln festzuhalten und klein zu halten und das, was in ihnen erwachen und zum Leben will, zu unterdrücken –, davor warnt dieser Jesus mit dem scharfen Wort. Es sagt in unübertroffener, klarer Sprache: »Nur das nicht! Dass ihr mir nur damit aufhört!« Auch die Stimmen in uns sind damit gemeint, die gegen dieses Kleine und Schwache und Abhängige in uns vorgehen und es klein und schwach halten. Wir sollen, wir müssen aufwachen um zu zeigen: Wir machen da nicht mit, nein, wir machen da nicht mehr mit!

Gott ist nicht männlich und nicht weiblich

Daraus folgt unmissverständlich: Ein Gott, der von uns verlangt, dass wir uns ein Auge ausreißen oder die Hand abschlagen, oder wenn uns die Füße irgendwohin tragen, wo wir eigentlich nicht hingehen sollten, wir uns den Fuß abhacken müssen, das kann nicht dieser Gott sein, dieser Vater, von dem der Meister von Nazareth gesprochen hat! Für die Menschen, die weiblichen Geschlechts sind, ist es wichtig, zu erinnern, dass dieses Wort, das in unserer Sprache mit Vater wiedergegeben wird, im Aramäischen kein Geschlecht hat. Dieses »abwûn«, wie es in dieser Sprache heißt, ist weder männlich noch weiblich. Ist es nicht herrlich, dass es etwas gibt, das weder männlich noch weiblich ist, aber von höchster Kraft und Lebendigkeit? Mit Worten sich das bewusst zu machen, reicht nicht aus. Es ist weder der Vater, den wir einmal hatten, noch die Mutter. Oder auch nicht, was wir hier als Frau sehen oder dort als Mann. Nein. Das ist etwas, das man überhaupt nicht begreifen kann. Man kann es nur erleben und dann kann man nicht mehr davon sprechen. Das ist dieses »abwûn«. In ihm steckt die ganze kosmische Ordnung, all das, was der Makrokosmos ist im Großen und der Mikrokosmos, der wir sind, im Kleinen. Unser völliges Aufgehen in dieser ganzen Welt, die da geschaffen ist, ist mit inbegriffen.

Wir machen Unterschiede

Diese Schöpferin, dieser Schöpfer – wir müssen denn doch wieder Wörter gebrauchen – hat es in seiner außerordentlichen, großen Güte und in seinem außerordentlichen Humor, so glaube ich es jedenfalls, für richtig gehalten, zwei Modelle von Menschen zu schaffen. Und er oder sie hat oder beide haben sich dabei gedacht, dass wir einen Riesenspaß damit hätten! Und was haben wir damit gemacht? In vielen Fällen? Er hätte uns ja auch durch Sprossen sich vermehren lassen können: Man wacht morgens auf und spürt da unten eine Schwellung. Und sagt: »Oh, wenn es keine Lymphdrüsenentzündung ist, dann kommt da was Kleines.« Das wäre doch gar nicht so spaßig. Dank der beiden Modelle Mensch hat er uns diese großartige, uns mit Lust und Freude erfüllende Möglichkeit der Begegnung gegeben. Durch sie erkennen wir einander als der Mensch, der wir sind. Und es ist wichtig, immer in sich zu wissen und zu spüren, dass wir nicht nur als Mädchen und auch nicht nur als Jungen auf die Welt kommen, sondern wir kommen als Menschen auf diese Welt. Der Apostel Paulus fand dafür die folgenden, großartigen Worte:

Da gibt es keine Juden und Griechen mehr
(das sind die zwei Arten, wie wir die Welt auffassen können),
keine Knechte und Herren,
kein Männliches und Weibliches,
denn wir sind eins in diesem neuen Erleben,
wie es in diesem Jesus von Nazareth so eindrücklich verkörpert ist.

(nach dem Brief an die Galater 3,28)

Was aber wird von uns daraus gemacht? Kaum sind wir draußen, geht es los: Ist es ein Junge? Ist es ein Mädchen? Dem Jungen wird etwas Blaues angehängt, dem Mädchen etwas Rosafarbenes. In Frankreich zum Beispiel, gibt es das Bild, dass die Mädchen in Kirschblüten und die Jungs im Kohlkopf geboren werden. Sofort wird dieser Unterschied gemacht. Wir werden in der Folge auch verschieden erzogen. Jetzt ist man übrigens wieder für Mädchenklassen und Jungenklassen, so wie es früher üblich war, so wie ich großgeworden bin. Mein Gott, war das anstrengend, wenn wir vom Fenster aus immer hinüberschielten zu den Mädchenklassen! Die heutige Jugend hat es leicht, Mädchen und Jungen haben alles mitten im Klassenzimmer, was sie brauchen.

Verzicht genügt nicht

Können wir verstehen, dass dieses Ausreißen und Abhacken der Gliedmaßen etwas mit den Abhängigkeiten zu tun hat, in die wir nach kürzester Zeit auf der Erde gezwungen werden? Mit der Geburt fangen wir an, sehr enge Beziehungen und Verbindungen aufzubauen, im Englischen »attachement« genannt. Und dann nistet es sich in unseren Köpfen ein – aufgrund dessen, wie es uns vorgelebt wird –, dass wir dieses oder jenes oder diesen oder jenen Menschen absolut zum Leben brauchen, um glücklich zu sein. Und damit fängt das ganze Unglück an. Ingo Warncke, der Gründer von »Synanon International« in Deutschland, berichtet immer wieder, wie wesentlich und befreiend es für ihre Gemeinschaft ist, kein persönliches Eigentum zu haben. Synanon, eine Lebens- und Arbeitsgemeinschaft für Drogenabhängige, wurde 1958 durch Chuck Deterich, einen Angehörigen der Anonymen Alkoholiker, in Santa Barbara, Kalifornien, gegründet. Alles gehört also dort der Gemeinschaft und der Einzelne ist nur verantwortlich dafür, wie er es gebraucht. Aber keine Angst! Es geht hier nicht darum, sich sofort oder spätestens ab morgen in dieser Hinsicht völlig umzustellen. Aber es gilt, den Sinn dahinter zu sehen: Mit jeder Abhängigkeit werde ich verpflichtet, diese Abhängigkeit weiter aufrechtzuerhalten und ich werde mein Hauptaugenmerk und meine Manipulationen – das kommt von manus, Hand – darauf ausrichten, das, was ich habe, zu vermehren. Ich muss mit der Hand zugreifen, handgreiflich werden, wenn sich die Gelegenheit bietet und sich das, was ich habe, noch vergrößern lässt. Und ich muss mich auch verselbstständigen. Das heißt, ich muss mich woanders hinbewegen, notwendige Schritte unternehmen, um zu dem zu kommen, was ich mir vorstelle oder erwarte. Dazu brauche ich meine Füße. Im Leben, wie es ist und es sich mir zeigt, begebe ich mich so ständig in neue Abhängigkeiten. Und diese Abhängigkeiten können in netten Verhaltensweisen unter den Menschen bestehen, die man vorerst gar nicht als störend erlebt. Es wird auch wahrscheinlich alles gut geregelt sein durch Gesetze. Der Philosoph Jean Jacques Rousseau hat allerdings vor zu vielen Gesetzen gewarnt und gesagt, dass bei den Völkern mit den meisten Gesetzen es am schlimmsten steht. Wir können alles regeln, reglementieren, verordnen und anordnen. Nur das, was der Meister von Nazareth uns vermitteln wollte, nämlich Liebe, eine Welt der Liebe, kann nicht entstehen, solange wir in diesen Abhängigkeiten jedweder Art stecken. Anthony de Mello sagt dazu meiner Meinung nach ganz richtig: Wir könnten jetzt vom Kopf her denken und dann den Entschluss fassen, auf all das, was uns abhängig macht zu verzichten, doch er meint, Verzicht allein genüge nicht. Auf diese Weise tun wir uns nämlich Gewalt an. Er wünscht sich, dass wir aus dem Zustand aufwachen, in den wir hineingeraten sind. Er nennt das »Awareness«, was »Wachwerden«, »Klarsehen« meint, was eigentlich der Sinn unseres Lebens ist. Und er sagt weiter, mit dieser Kraft der Awareness, er nennt es auch den »Degen der Awareness«, können wir uns abtrennen von diesen Verpflichtungen und Abhängigkeiten, in die wir geraten sind.

»Während du den Degen der Awareness (Wachheit, Bewusstheit) einsetzest, um aus den Abhängigkeiten und Bindungen der Liebe zu gelangen, gibt es etwas, was du in Erinnerung behalten musst: sei nicht schroff oder ungeduldig oder hasserfüllt zu dir selbst. Wie kann Liebe aus solchen Handlungen hervorwachsen?«

Anthony de Mello (unveröffentlichte Übers.)

Bevor wir aufwachen können und diese Wachheit haben, müssen wir zuerst erkennen, dass wir schlafen. Das erinnert mich an einen Ausspruch, den ich in einem Heft von »La Tour de feu«, der Zeitschrift junger französischer Dichter fand, als ich gleich nach dem Krieg anfing, wieder Brücken zu bauen nach Frankreich, und unter jungen Menschen für die deutsch-französische Verständigung arbeitete. Ein ungenannt gebliebener Dichter schrieb da:

»Les endormis vivent chacun dans leur monde.
Les éveillés ont un monde unique et commun.«
(Von denjenigen, die eingeschlafen sind, die pennen,
lebt jeder in seiner eigenen Welt. Diejenigen aber,
die aufgewacht sind, haben eine gemeinsame,
einzigartige Welt.)

Auf diesen Weg müssen wir uns begeben. Wir sind ihn hoffentlich auch bereits ein Stück weit gegangen.

Auf Formeln verzichten

»Begriffe (Formeln) erzeugen Idole. Nur Wunder umfassen und begreifen alles. Menschen töten einander wegen ihrer Idole. Wunder zwingen uns auf die Knie.« (Heiliger Gregor von Nyssa, gestorben ca. 394 n. Chr.)

Kehren wir nochmals zurück zu den angesprochenen Abhängigkeiten und zu den Gedanken von Anthony de Mello. In einem seiner Texte »Wir haben nur einen Lehrer« heißt es:

Jemand kann dir mechanisches oder wissenschaftliches oder mathematisches Zeugs wie Algebra oder Englisch oder Radfahren oder einen Computer bedienen beibringen. Aber in den Bereichen, auf die es wirklich ankommt, nämlich Leben, Liebe, Wirklichkeit, Gott, hier kann dir niemand irgendetwas beibringen. Alles, was sie tun können, ist: Sie verschaffen dir Formeln und Konzepte und sobald du eine Formel hast, wird die Wirklichkeit durch die Vorstellungen von irgendjemand anderem gefiltert. Wenn du diese Formeln annimmst, wirst du ein Gefangener werden. Du wirst dahinwelken und wenn du stirbst, dann wirst du niemals erfahren haben, was es heißt, selbst etwas in Augenschein zu nehmen, nämlich zu lernen.

Anthony de Mello (1992, S. 59)

Solche Formeln lauten in etwa: Das ist der christliche Glaube. Das ist das, was Jesus gesagt hat. Das ist das richtige Glaubensbekenntnis. Und sobald wir eine Formel haben, sitzen wir im Gefängnis. Wir sind nicht mehr frei. Überlegen wir einmal, wie viele Formeln wir mitbekommen haben, die uns auf einen ganz bestimmten Weg brachten. Und wir haben nicht mehr gewagt, selbst zu denken, weil wir dachten, die anderen seien gescheiter, sie seien inspirierter. Doch das ist überhaupt nicht wahr. Um Gott zu erfahren, hat jede und jeder alles mitbekommen, was sie brauchen. In uns selbst ist alles niedergelegt, was Menschen jemals erfahren haben. In uns selbst ist alles gespeichert von allem Anfang an, was Kunst, Märchen, Sagen, Legenden, Mystik und alle Geschichten über das Heilige und über Gott zum Ausdruck bringen. Dort liegt auch der Ursprung für alles mystische Erleben. Eugen Drewermann prägte in diesem Zusammenhang den herrlichen Satz: »Mystik ist die Kunst, im eigenen Herzen die Geschichten über das Göttliche so zu erfahren und zu erleben, dass man davon verwandelt wird.«

Nicht am Äußerlichen hängen bleiben

Als wir hineingeworfen wurden in diese faszinierende Welt, da hatten wir in uns den Drang, mit all den wunderbaren Sinnen, die uns gegeben sind, diese Welt zu erobern. Das ist etwas ganz Köstliches und das sollen wir auch. Aber wir sollen nicht nur dabei bleiben. Diese Welt ist uns gegeben, dass wir sie wie ein loses Gewand tragen sollen, das wir jederzeit wieder abstreifen können. Es geht darum, dass wir uns erinnern, dass wir geistige Wesen sind. Wenn uns das bewusst wird, dann kann uns nichts etwas anhaben. Wenn wir erfahren und uns plötzlich erinnern können, dass wir geistige Wesen sind, gibt es die wunderbare Vorstellung, dass uns letztendlich nichts verletzen kann. Jeder und jede kann das einmal selbst ausprobieren. Es kann nur mein Äußeres verletzt werden, das, was ich mir in meiner Vorstellung, in meiner Erziehung, in dem, was ich anstrebte in dieser Welt draußen, aufgebaut habe. Wenn mir das im Moment einer schweren Verletzung einfällt, kann ich mich davor schützen, dass es mich im Eigentlichen, in dem, was ich bin, trifft. Aber da gehört ein bestimmtes Training dazu. Ich kann es noch nicht ganz. Auch in meiner Ehe kann ich es noch nicht ganz. Aber für Verheiratete ist es eine ganz großartige Übung, sich – wenn wir meinen, wir seien schlecht verstanden und dadurch tief verletzt worden – plötzlich zu erinnern: Ich kann ja überhaupt nicht verletzt werden. Und dann sagen: Ich vergebe dir, was du mir nicht angetan hast. Können wir das nachvollziehen? In dem

Moment, wo es bereits in einen gefahren ist und man schon nach Rache sinnt, sich dann zu erinnern, dass das wirkliche Selbst nie berührt werden, ihm nie wehgetan werden kann, ist ein großes Geschenk. Plötzlich das zum Ausdruck zu bringen und dem anderen zu sagen: »Ich vergebe dir, was du mir nicht angetan hast«, kann beim anderen zwar die Vermutung auslösen, er müsse mit einem sofort in die Psychiatrie, aber es entspricht der Wirklichkeit. Darum heißt es in der Schrift auch, wir sollen nicht die fürchten, die unseren *Leib* töten können, sondern unsere *Seele*. All diese Vorstellungen hängen mit dem irdischen Leben, auch mit unserem Leib zusammen. Und es bleibt die Frage, ob wir erkennen, woraus wir, wie wir glauben, bestehen. Bestehen wir aus all dem, was wir aus uns machen konnten, aus den Titeln, aus unserer Stellung, aus den Erfolgen, die wir haben, aus der Anerkennung, die wir bekommen und um deretwillen wir uns fast umbringen? Vielleicht kennen wir solche Leute in unseren Familien. Die todunglücklich sind, wenn sie die Anerkennung, nach der sie gestrebt haben, nicht bekommen? So wie der höchstrangige Admiral in den USA sich erschossen hat, und zwar unfairerweise mit der Dienstpistole seines Schwagers. Er wollte wohl seine nicht nehmen, weil er sie nicht mehr hätte putzen können ... Die Presse ist nämlich dahinter gekommen, dass er die vielen kleinen farbigen Bändchen an seiner Brust wohl hätte tragen dürfen, aber da war noch ein V drauf und das hätte er nur tragen dürfen bei Feindberührung. Und dazu wollten sie ihn befragen. Man wusste nämlich, dass er keine Feindberührung hatte. Und vor dieser Besprechung hat er sich erschossen.

Ich erinnere mich an ein Cartoon, das zeigt, wie zwei von Schmerz gebeugte Frauen an einem Grab stehen. Die Trauernde sagt: »Dabei habe ich zu meinem Mann nur gesagt, es könne ihn doch nicht umbringen, wenn er etwas netter zu mir wäre!« Ich erzähle das, weil ich es ganz ernst meine, wie tödlich es sein kann, wenn wir am Äußeren hängen bleiben.

Leben ohne Ballast

Als ich am 16. März 1945 mit einem Kopfschuss im Lazarett lag, brannte Würzburg durch einen grauenhaften Angriff, bei dem die Stadt zu 80 Prozent zerstört wurde, total aus. Und wir konnten nur noch in unser Gartenhaus auf dem Berg fliehen. Da war zwar nur wenig, aber es war eine Unterkunft, eine sehr schöne im Vergleich zu all denjenigen, die nichts mehr hatten. Und nach einer gewissen Zeit haben wir das auch so empfunden. Ich habe nur noch meine Uniform gehabt, sonst gar nichts mehr. Und als die Amerikaner verlangten, dass die Uniform schwarz gefärbt werden musste als Zeichen dafür, dass man entlassen war, lief ich zwei Tage lang daheim in Unterwäsche herum, bis ich die Uniform wieder von der Färberei zurückbekommen hatte. Nahrung mussten wir uns regelrecht organisieren. Man war da nicht zimperlich. Wir sind zum Beispiel zu Bauern gegangen und haben um Hühnerfutter gebeten. Wir haben dabei nicht gelogen, wir hatten tatsächlich ein paar Hühner, von denen wir annahmen, dass sie Eier legten und wir sie auch finden. Vom Hühnerfutter haben wir abends Weizen oder Roggen aussortiert und durch die Kaffeemühle gejagt. Die Hühner bekamen den Rest. Und dann haben wir einen Brei gemacht, mit Wasser, denn wir hatten kein Fett. Wir haben den Brei auf die heiße Herdplatte gelegt und hatten eine »Plaz«. Das war köstlichster Kuchen. Von unserem Freund, dem Veterinärpharmazeuten Schaette, bekamen wir Petrolatum, ein Öl, das sowohl bei Tieren wie bei Menschen nicht vom Körper aufgenommen wird, sondern wieder abgeht, ohne dass es Mensch oder Tier bemerkt. Wir hatten dann Salat mit diesem Öl angemacht und Kartoffeln mit Öl gebraten. Und jeder konnte uns von hinten ansehen, dass wir Öl bekommen hatten. Wir hatten nämlich an Hosen oder Röcken hinten große Ölflecken.

Es gibt ein viel einfacheres Leben und ich kann sagen, die Jahre von 1945 bis 1948, als die Währungsreform einsetzte und wir etwas neues Geld bekamen, waren die intensivsten und in gewisser Hinsicht glücklichsten Jahre meines Lebens. Warum? Wir hatten einfach keinen Ballast mehr zu tragen. Dazu noch eine kleine Geschichte:

Im vorigen Jahrhundert besuchte ein Tourist aus den Vereinigten Staaten den berühmten polnischen Rabbi Hofetz Chaim. Erstaunt sah er, dass der Rabbi nur in einem einfachen Zimmer voller Bücher wohnte. Das einzige Mobiliar waren ein Tisch und eine Bank.
»Rabbi, wo sind Ihre Möbel?«, fragte der Tourist.
»Wo sind die Ihren?«, erwiderte Hofetz.
»Meine? Aber ich bin nur zu Besuch hier. Ich bin nur auf der Durchreise«, sagte der Amerikaner.
»Genau wie ich«, sagte der Rabbi.

Anthony de Mello (1984, S. 101)

Wenn sich so ein Erleben auch heute bei uns in unseren Verhältnissen ausbreiten könnte, was wäre da in der Welt los? Wie würden wir uns näher kommen! Wie vieles Äußerliche hätte überhaupt keine Bedeutung mehr! Da könnte wirklich Liebe unter uns sein. Damit meine ich nicht, dass wir hingehen sollen und alles verkaufen und alles den Armen schenken. So fängt Neues nicht an. Wenn ich auf etwas verzichte, das nicht das Ergebnis einer inneren Ablösung ist, schaffe ich nur eine noch stärkere Abhängigkeit von dem, von dem ich mich unter Zwang oder aufgrund einer Auflage getrennt habe. Und genau das ist mit diesem dramatischen biblischen Text gemeint. Es hat keinen Wert, sich das Auge auszureißen, wenn einer scheinbar irrigen Ansichten nachstrebt. Es hat keinen Wert, die Hand, mit der man etwas scheinbar Unrechtmäßiges erworben hat, abzuhacken, oder den Fuß, mit dem man an Orte gelaufen ist, wo man dann letzten Endes gar nicht hin wollte. Das wäre, wie wenn Alkoholiker sich daran machten, ihre Flaschen und Fässer einfach zu zerschlagen. Sie müssten entdecken, dass das, was sie in der Flasche suchten, sie schon längst in sich in der ganzen Fülle trugen. An dieser Stelle im Neuen Testament geht es darum, ob ich einen klaren Schnitt machen, Altes, Überholtes hinter mir lassen kann und mich innerlich umstellen lerne, um dieses Neue in seiner ganzen Fülle in mir selbst zu entdecken. Es geht um Umkehr, um eine tief greifende Gesinnungsänderung, die einer Wandlung gleichkommt. Vom griechischen Wort für Umkehr »metanoia« her gesehen gilt es, aus all dem herauszutreten, was für mich unbrauchbar geworden ist und mich am wirklichen Leben hindert, und mich mit all meinen Sinnen auf eine ganz neue Art dem Leben zuzuwenden. An einer anderen Stelle wurde Jesus noch deutlicher. Dort hat er, wenn man ihn wiederum nur wörtlich versteht, gewissermaßen zum Suizid aufgerufen: »Wer sein Leben verliert um meinetwillen, wird es gewinnen. Wer daran festhält (es retten will), wird es verlieren.« (Matthäus-Evangelium 16,25) Nicht uns umbringen sollen wir, sondern all das, was in uns zum »Unleben« geworden ist, loslassen und das Neue, das schon da ist, mit unseren inneren Augen erfassen, mit unsern inneren Händen ergreifen und mit unsern inneren Füßen einholen und zu diesem Neuen stehen. Das ist die Gnade der bedingungslosen Kapitulation (im Englischen »surrender« genannt). Der Schweizer Einsiedler und Mystiker Niklaus von der Flüe, genannt Bruder Klaus (1417–1487), hat dieses Ereignis auf unübertreffliche und eindeutige Weise so zum Ausdruck gebracht:

Mein Herr und mein Gott. Nimm alles von mir,
was mich hindert zu dir.
Mein Herr und mein Gott, gib alles mir, was mich führet zu dir.
Mein Herr und mein Gott,
nimm mich mir und gib mich ganz zu Eigen dir.

AUSKLANG

Ein Ausblick

In diesen Begegnungen mit biblischen Geschichten haben persönliche eigene Erfahrungen und die vieler Menschen eine Zusammenfassung gefunden. Jede dieser Geschichten hat bei unzähligen Menschen zu ganz persönlichen, authentischen Begegnungen in ihrem Innersten geführt. In vielen Austauschrunden haben sich diese Erfahrungen auf andere übertragen und sie haben die Geschichten weitergeführt. Die auf Kassetten aufgenommenen, mündlich vorgetragenen »Bibelstunden« in der sozio-psychosomatischen Klinik Bad Herrenalb und die vielen auswärtigen Veranstaltungen haben Menschen immer wieder Anstöße gegeben und ihnen in schwierigen Situationen Mut, Kraft und Hoffnung gegeben. Jetzt sind daraus diese Texte entstanden und stehen damit einem größeren Kreis von Lesenden zur Verfügung. Auch wenn in dieser Form das Lebendige und Unmittelbare eines Vortrages nicht mehr zum Ausdruck kommt, hoffen wir, dass die Geschichten trotzdem in ihrer herausfordernden Art anrühren und anmuten. Viele Menschen sehnen sich nach Erfüllung und sind sich nicht bewusst, dass sie dafür alles in sich tragen. Die vielen und aus unterschiedlichen Kulturen und Religionen stammenden Geschichten über das Göttliche und so eben auch die biblischen möchten im Tiefsten eines: die brachliegenden Lebenskräfte in uns in Fluss bringen und wirksam werden lassen.

Möge das Buch diejenigen, die es in die Hand bekommen, anstecken, eigene Entdeckungen bei dieser oder jener Geschichte über das Göttliche zu machen. Es gilt dabei, auf das eigene Erleben zu hören, das letztlich nicht diskutiert werden kann und ganz uns oder zu uns gehört. Wir können dabei die Erfahrung machen, dass in uns ein heilsamer Prozess in Gang kommt, bei dem kein Stein auf dem anderen bleibt. Oder es kann ein Hunger auftreten, der uns zwingt, wenn wir einmal diese einzigartige Fährte aufgenommen haben, sie weiter und weiter zu verfolgen, weil wir schwer wieder davon loskommen.

Eine damals junge Frau hat ihre Erfahrung damit in einem Brief – er stammt aus dem Jahr 1979 – auf knappem Raum in Worte gefasst, sie mitgeteilt und sie so mit anderen geteilt. Das, was sie da beschreibt, ist für sie wie eine Saat, die aufgeht, wie junge Keimlinge, die sie misstrauisch (kann ich mir da trauen?) beäugt und dabei spürt, wie zart und verletzbar sie sind und dass sie gehegt und gepflegt werden müssen, damit sie weiter wachsen. Sie schreibt, etwas zusammengefasst:

Am allerwenigsten möchte ich jetzt auf das Herrenalber Seminar. Und ich schreibe doch tatsächlich dem Walther einen Zettel, dass ich zur Eröffnung nicht komme, weil ich erst mal ein paar Stunden FÜR MICH brauche, um die Oster-Feiertage zu verdauen. (...) Aber als es dann losgeht, bin ich doch da. In mir schreit es, ich will nicht! Aber von unsichtbaren Fäden gezogen, sitze ich dann doch auf meinem Stuhl (...)
Ich merke, wie mir der Schweiß ausbricht, als Carol davon erzählt, dass sie fresssüchtig ist. Ich bin auch fresssüchtig und möchte das am liebsten immer noch nicht wahrhaben, möchte es verheimlichen und keine Konsequenzen ziehen müssen.
Ich sehe mich in Bernbach einkaufen: ein halbes Brot, Butter, Käse, Mettwurst, Schokolade, Kekse und eine Flasche Wein und so einen billigen Liebesroman. Schon beim Einkaufen verachte

ich mich selbst. Aber ich schlinge trotzdem alles hinunter. ALLES. Es schmeckt mir überhaupt nicht. Vielleicht am Anfang noch. Aber dann ist mir nur noch schlecht. Und trotzdem esse ich weiter. Und wenn ich alles aufgegessen habe, renne ich zum Klo und kotze. (...) Erst am Freitag kann ich im Seminar aufstehen und sagen: »Ich bin Marion und ich bin fresssüchtig.« Auf dem Seminar habe ich so wie noch nie in meinem Inneren gespürt: Ja, DAS BIN ICH. (...) Neben der Scham spüre ich so etwas wie: Das ist mein Zugang zum Leben; wenn ich mich endlich so annehme und daraus Konsequenzen ziehe, dann kann ich LEBEN, und zwar gleich jetzt, sofort, HEUTE. Wenn ich das jetzt aufschreibe, dann spüre ich wieder die Stille, die Aufmerksamkeit, die liebevolle Zugewandtheit all dieser Menschen, die ich in diesem Augenblick erfahren habe, als ich mich traute, von meinen Schwierigkeiten zu reden.

Für mich ist es ungeheuer wichtig, die Erfahrung dieser Liebe in mir festzuhalten. (...) Was für ein Geschenk, so aufgenommen zu werden! Hab ich mir doch immer ausgemalt, dass man mich verurteilen würde, wenn ich meine Schwächen zeige. Die waren nicht beiseite gewischt – »das macht ja nichts« – aber ich fühle, wie ich trotzdem gemocht werde.

Meine zweite wichtige Erfahrung auf dem Seminar ist eine Begegnung mit Gott.

Ich hatte in mir einen ungeheuren Hunger auf menschliche Nähe und Wärme, auf streicheln, umarmen, küssen, anfassen, Zärtlichkeiten. Nach »bonding«.

Ihr Herrenalber kennt ja alle Walthers berühmtes Schema mit der linken Seite, dem Mangel, und der rechten Seite, der Einladung zum Fest. (Siehe die Ausführungen zum Gleichnis vom großen Gastmahl in diesem Buch S. 122 ff.) Sonst hatte er immer »Liebe« und »bonding« darüber geschrieben als Verbindung und Übergang vom Mangel zum Fest. Dieses Mal schreibt er GOTT, und das fährt mir mitten rein.

Ich höre atemlos und ungeheuer angerührt dem Vortrag von Friedrich Weinreb zu. Er hat (für mich) von der doppelten Wirk-

lichkeit des Lebens gesprochen. Dem konkreten Diesseits mit seinen vielfältigen und festgelegten Erscheinungsformen. Sicher, exakt, der Bereich der Sprache und der Logik. Demgegenüber das Jenseits. Gott. Der viele, alle Namen hat, nicht festgelegt ist, nicht eindeutig ist, im Unbewussten, im Schlaf, in den Träumen der Menschen. Er spricht von der Gottähnlichkeit der Menschen. Und dass beides, Diesseits und Jenseits, auch jetzt und hier schon ist. (...) Auch jetzt, wenn ich das aufschreibe, habe ich wieder das überwältigende Gefühl einer großen Erkenntnis. Ich kann nicht gut über Gott reden. Aber Walther und Weinreb haben für mich eine Tür aufgemacht. Alles hat eine reichere und tiefere Bedeutung, wenn ich in meinem Alltag Gott wieder spüren lerne. Und gerade im Augenblick fühle ich wieder die große Freude in mir aufsteigen. Ich weiß jetzt, zu meiner Heilung gehört auch Gott.«

Diese Fährte, von der man – einmal aufgenommen – schwer wieder loskommt, wie es Marion in diesem Briefausschnitt so eindrücklich schildert, könnte vielleicht in etwas münden, was im Folgenden »Kirche der Liebe« genannt und in 25 Punkten so beschrieben wird:

Die Kirche der Liebe

1. Sie hat keine Struktur, nur Verstehen/Verständnis.
2. Sie hat keine Mitgliedschaft, außer denen, die wissen, dass sie dazugehören.
3. Sie hat keine Rivalen, weil sie sich nicht durchzusetzen trachtet.
4. Sie hat keinen (Macht-) Anspruch (Ehrgeiz), sondern sucht zu dienen.
5. Sie kennt keine Grenzen, denn Nationalismen sind lieblos.
6. Sie besitzt nichts Eigenes, weil sie alle Gruppen und Religionen bereichern will.
7. Sie erkennt alle großen Lehrer aller Zeiten an, die Zeugnis von der Wahrheit der Liebe gegeben haben.
8. Diejenigen, die teilnehmen, praktizieren die Wahrheit der Liebe; in allem, was sie sind.
9. Keine Lebensweise oder Nationalität ist ein Hemmnis. Diejenigen, die drin sind, wissen es.
10. Sie versucht nicht zu lehren/predigen, sondern nur zu sein und durch dieses Sein zu bereichern.
11. Sie erkennt, dass in der Art, wie wir sind, die anderen um uns auch sein mögen, weil wir von dieser Art sind.
12. Sie sieht die ganze Erde als ein Wesen, von dem wir ein Teil sind.
13. Sie weiß, dass die Zeit der großen Wende gekommen ist, der letzten alchemistischen Umwandlung des Ego zur freiwilligen Rückkehr in die Ganzheit.
14. Sie verkündet sich nicht mit lauter Stimme, sondern in den stillen Bereichen der Liebe.
15. Sie grüßt ehrerbietig all die Wegbereiter der Vergangenheit, die dafür ihren Preis bezahlt haben.
16. Sie lässt keine Hierarchie oder Struktur zu, denn niemand ist größer als ein anderer.

17. Ihre Mitglieder werden einander an ihren Taten und an ihrem Sein erkennen und an ihren Augen und an keinem weiteren äußeren Merkmal als an dem der brüderlichen Umarmung.
18. Jede und jeder von ihnen wird sein Leben der stillen Liebe für die Nächsten, die Umwelt und die Erde widmen, während sie ihrer Aufgabe (Tagewerk) nachgehen, wie bedeutend und gering sie auch sein möge.
19. Für sie ist der große Plan vorrangig, der nur verwirklicht werden kann, wenn die Menschheit in allem, was sie tut, der Liebe Vorrang gibt.
20. Sie verspricht keine Belohnung, weder hier noch in der nächsten Welt, außer der nicht verlöschenden Freude des Seins und des Liebens.
21. Jede und jeder soll danach trachten, das Verstehen untereinander voranzutreiben, im Verborgenen Gutes zu tun und nur durch das Beispiel zu lehren.
22. Sie werden ihre Nächsten, ihre Gemeinde und unsere Erde heilen.
23. Sie werden keine Furcht und keine Schande (Scham) kennen und ihr Zeugnis wird sich gegen alle Widerstände verbreiten.
24. Sie hat kein Geheimnis, kein Arkanum, keine Einweihung, außer dem wahren Verständnis der Kraft der Liebe und der Einsicht, dass – wenn wir es wollen – die Welt sich verändern kann, aber nur, wenn wir uns selbst ändern.
25. ALLE, DIE SICH ZUGEHÖRIG FÜHLEN,
GEHÖREN DAZU;
SIE GEHÖREN ZUR KIRCHE DER LIEBE!

(The cathar prohecy von 1244, von der Gemeinschaft Findhorn in Schottland)

Zitierte und weiterführende Literatur

Bücher von Walter Lechler

Lair, Jacqueline/Lechler, Walther H., Von mir aus nennt es Wahnsinn, Stuttgart, Kreuz, 2000

Lechler, Walther H., So kann's mit mir nicht weitergehn! Neubeginn durch spirituelle Erfahrung in der Therapie, herausgegeben von Alfred Meier, Stuttgart, Kreuz, 1996

Lechler, Walther H., Alkoholismus – Eine Krankheit, Lahnstein, Emu, 2003

Lechler, Walther H., *Nicht die Droge ist's. Wir sind alle süchtig,* Oberursel, Verlag 12 x 12, 1995

Lechler, Walther H., Gesund ist, wer noch krank werden kann. Lebensschule nach dem Bad Herrenalb-Modell. Interview-Vorträge-Schriften, Goch, Santiago, 2004

Lechler, Walther H., Das Bad Herrenalb-Modell. Zu beziehen bei Förderkreis für Ganzheitsmedizin e.V., Sagwasenplatz 4, 76332 Bad Herrenalb

Lechler, Walther H., (Hrsg.), Die schweigende Gegenwart. Ein Vortrag und andere Schriften von und über Paul Tournier, Goch, Santiago, 2004

Weitere Literatur

Anonyme Alkoholiker, Das Blaue Buch, zu beziehen bei

Anonyme Alkoholiker Interessengemeinschaft e.V., Literaturvertrieb, Postfach 460227, 80910 München

Baer, Eugen, Aufwachen zum Ewigen. Friedrich Weinrebs Gedanken über die Umkehr, Weiler im Allgäu, Thauros-Verlagsbuchhandlung, 2004

Cardenal, Ernesto, Das Buch von der Liebe, Wuppertal, Peter Hammer, 2004

Chacour, Elias/Mary E. Jensen, We Belong to the Land. The Story

of a Palestinian Israeli Who Lives for Peace and Reconciliation, 310 Flanner Hall, Notre Dame, IN 46556, University of Notre Dame Press, 2001
Chuck, C., Eine neue Brille, Wolfratshausen, FABA, 2001

Das Neue Testament, übersetzt von Fridolin Stier, München, Kösel, 1989
de Mello, Anthony, (1984) Warum der Vogel singt. Geschichten für das richtige Leben, Freiburg, Herder, ^{4}1986
de Mello, Anthony (1992), Wie ein Fisch im Wasser. Einladung zum glücklichen Leben, Freiburg, Herder, ^{3}1994, englisches Original: »The way to love«
de Mello, Anthony, The Way to Love: The Last Meditations of Anthony De Mello, Gütersloh, Bertelsmann (Doubleday Books), 1992
Anthony de Mello, Der springende Punkt. Wach werden und glücklich sein, Freiburg, Herder, 1997
Dostojewski, Fjodor M., Sämtliche Werke, 10 Bde., München, Piper, 2004
Douglas-Klotz, Neil, Das Vaterunser. Meditationen und Körperübungen zum kosmischen Jesusgebet, München, Knaur, 1992
Douglas-Klotz, Neil, Weisheit der Wüste. Meditationen über die Schöpfungsgeschichte, Worte des aramäischen Jesus und andere heilige Schriften des Nahen Ostens, Mit CD, Hamburg und Goch, Bratt, 1997
Drewermann, Eugen, Das Matthäus-Evangelium, Olten, Walter, 1995

Fox, Matthew, Vision vom kosmischen Christus. Aufbruch ins dritte Jahrtausend, Stuttgart, Kreuz, 1991
Frankl, Viktor E., Psychotherapie und Religion, München, Kösel, 1974

Gibran, Khalil, Der Narr, Düsseldorf und Zürich, Patmos/Walter, 2004
Gibran, Khalil, Der Prophet, München, dtv, 2004

Haas, Docteur R.-M., En collaboration avec Andrö Coutin, Médecin du bateau ivre, Paris, Bernard Grasset, 1976

Hansen, Philip L., Alcoholism: The Tragedy of Abundance, Minneapolis, Minnesota Park Printing, Inc., 1982

Jung, Carl Gustav, Brief an William G. Wilson, abgedruckt in Walther H. Lechler, Gesund ist, wer noch krank werden kann, Goch, Santiago, 2004

Kindermärchen und Hausmärchen. Kleine Ausg. v. 1858. Mit e. Nachw. v. Heinz Rölleke von Jacob Grimm und Wilhelm Grimm, Frankfurt, Insel, 1997

Kurtz, Ernest, Not God. A History Of Alcohilcs Anonymous, San Francisco, Harper & Row Publishers, Inc., 1991

Kurtz, Ernest/Ketcham Katherine, Die Spiritualität der Unvollkommenheit, Stuttgart, Lüchow, 1998

Lechler, Walther H., Nicht die Droge ist's, sondern der Mensch, in: Sonnenberg, Jürgen, Wenn Theologie praktisch wird ... Stuttgart, Steinkopf, 1983

Montherlant, de, Henry, Un assassin est mon maìtre, Paris, Editions Gallimard, 1971

Nouwen, Henri J.M., Du bist der geliebte Mensch. Religiös leben in einer säkularen Welt, Freiburg, Herder, 1993

Nouwen, Henri J.M., Nimm ein Bild in dein Herz. Geistliche Deutung eines Gemäldes von Rembrandt, Freiburg, Herder, 1991

Rihbany, Abraham M., Jesus aus dem Nahen Osten. Ein libanesischer Christ erzählt, wie sich orientalische Sitten und Gebräuche in der Bibel und dem Alltag Jesu spiegeln, Freiburg, Verlag Hans-Jürgen Maurer, 2004

Silesius, Angelus, Der cherubinische Wandersmann, Geistreiche Sinn- und Schlußreime, hg. u. mit einem Nachwort von Erich Brock, Zürich, Diogenes, 2002

Sölle, Dorothee, Gegenwind. Erinnerungen, München, Piper, 2002

Vallés, Carlos G., Frei und unbeschwert. Das spirituelle Vermächtnis von Anthony de Mello, Goch, Santiago, 2001

Watzlawick Paul, Anleitung zum Unglücklichsein, München, Piper, 2004

Weinreb, Friedrich, Traumleben. Überlieferte Traumdeutung. Textfassung Christian Schneider, München, Thauros, 1980

Wood, Nancy C., Many Winters, Doubleday Books for Young Readers; Reprint edition, New York, 1974

Wöller, Hildegunde, Unten an der Himmelsleiter, Stuttgart, Kreuz, 1990

Wöller, Hildegunde, Höre auf die Stimme in Dir, Suttgart, Kreuz, 2001

Literatur zum Thema »Anonyme Alkoholiker«

Remember, Lois, Memoirs of the co-funder of Al-Anon and wife of the co-funder of Alcoholics Anonymous, Al-Anon Family Group Headquartiers, Inc., New York, 1979

Thak You for Sharing. Sixty Years of Letters to the AA Grapevine. New York, The AA Grapevine, Inc., PO Box 1980, Grand Central Station, New York, NY 10163-1980

Bill, W., Meine ersten 40 Jahre, Goch, Santiago, 2003 (Einer der Mitbegründer der Anonymen Alkoholiker)

Bill W., and Mr. Wilson, The Legbend and Life of A.A.'s Cofunder, von Matthew J. Raphael, University of Massachusetts Press, Amherst, 2000

